KB117473

서울대생의
비밀과외

무조건 통하는
전교 1등의 합격 루틴

서울대생의
비밀과외

소린TV(안소린) 지음

다산
에듀

지금 이 순간에도 꿈을 이루고자
치열하게 공부에 전념하고 있을
모든 수험생 여러분에게 이 책을 전합니다.

공부하는 내내 여러분은 혼자가 아니에요.
길고 힘든 공부 여정에
제가 늘 함께하겠습니다.

공부에 모든 열정을 쏟아본 선배들이
이 책에 보내는 뜨거운 찬사

이 책을 읽어보고 곧바로 고등학생인 사촌 동생에게 추천해야겠다는 생각이 들었다. 공부법학회 회장을 맡으며 다양한 공부법을 접했지만, 이 책처럼 곧바로 써먹을 수 있는 디테일을 지닌 책은 보지 못했다. 저자는 특유의 꼼꼼함으로 마치 과외선생님이 옆에서 가르쳐주듯 세심하게 자신의 공부법을 알려준다. 과장되지 않고 현실적인 저자의 공부법을 차근히 따라 하다 보면 분명 공부의 벽을 넘어 원하는 목표를 이룰 수 있다고 확신한다. 공부의 기술은 수재들의 비법이 여전히 유효한 분야인데, 이 책이 그에 대한 갈증을 덜어 줄 것으로 기대한다.

이윤규 · 공부법학회 회장이자 변호사, 『무조건 합격하는 암기의 기술』 저자

단순히 공부를 잘하는 방법 이상이 담긴 책이다. 저자만의 독특한 공부 비법을 읽으며, 용기 있게 자기 삶에 정면으로 부딪치는 자세도 배울 수 있었다. 꺾이지 않는 마음으로 앞으로 나아가고 싶은 모든 청소년과 부모에게 이 책을 강력히 추천한다.

박철범 · 변호사, 『하루라도 공부만 할 수 있다면』 저자

이 책을 읽으면서, 과거 힘들었던 수험 생활이 끝나고 '후배들에게는 좀 더 나은 환경을 제공하는 선배가 되어야지' 하고 결심했던 순간이 떠올랐다. 시간이 많이 흘렀음에도 여전히 고독하고 힘든 하루하루를 보내고 있는 수험생의 삶을 볼 때마다 미안하고 안타까운 마음이 든다. 치열하게 고생했던 자신과는 달리 시행착오를 최소화하길 바란다는 안소린 저자의 진심 어린 조언이 이 땅의 수험생들에게 조금이나마 희망을 품고 미소 지을 수 있는 응원이 되기를 바란다.

서경석 · 서울대학교 불어불문학과 졸업생, 방송인

지금껏 만난 많은 공부 멘토와 성적 급상승러들은 하나 같이 자신들이 거둔 성과의 비결로 다음의 세 가지를 꼽았다. '잘할 수 있다'라는 성장 마인드셋과 '하고 싶다, 해내야 한다'라는 생각이 들게 하는 목적의식, 그리고 노력을 성과로 잇는 공부 시스템. 공부와는 거리가 먼 학생이었던 저자가 차근차근 자신의 마인드셋과 공부 시스템을 만들어 결국 뛰어난 성과를 만들어낸 노하우는 평범한 학생들도 급속 성장을 경험할 전략을 자신의 것으로 흡수하도록 돕는다. 공부 방법도 방법이지만, 이 책은 학생들에게 '나도 하고 싶다, 할 수 있다'라는 생각이 들게 한다는 점에서 동기부여와 변화의 계기를 만들 것이라 확신한다.

조승우 · 서울대학교 사회과학대학 졸업생, 20만 유튜브 〈스몰빅클래스〉 운영

꿈을 향한 고독한 싸움에서
더 이상 외롭지 않기를

2018년 3월 21일. 유튜브 〈소린TV〉 채널에 첫 영상을 올린 날이다. 평범한 대학생이던 내가 불과 몇 년 후 공부 유튜버로 활발히 활동하며 하루에도 수십 명의 공부 고민에 답해주는 삶을 살리라고는 그땐 감히 상상도 하지 못했다. 혼자 카메라 앞에 앉아 말하는 일조차 어색해하고 민망해했던 내가 유튜브를 시작하기로 결심한 이유는 단 하나였다.

'수험 생활을 하며 터득한 나만의 공부 노하우를 후배들에게 나누어주자.'

조금 더 거창하게 말하자면, 교육 분야에서의 정보 불평등을 해소하는 데 기여하자는 당찬 포부를 담아 첫 영상을 올렸다.

단언컨대 나는 천재와 거리가 멀다. 매일 4시간씩 쪽잠을 자며 공부하거나, 밥 먹는 시간이 아까워 비빔밥만 먹으며 공부하는 등 전설적인 일화를 가진 사람도 아니다. 오히려 중학생 때까지는 공부와 담을 쌓고 지냈다. 게임에만 푹 빠져 매일 자정이 넘도록 컴퓨터 앞에 앉아 시간을 보내는 학생일 뿐이었다. 성적은 줄곧 중위권을 맴돌았고, 공부는 나와 상관없는 것이라고 생각하며 그저 흘러가는 대로 살았다.

그러던 중 중학교 3학년 때 난생 처음으로 간절히 이루고 싶은 꿈이 생겼다. 그리고 그 꿈을 이루기 위해서는 '공부'라는 도구가 필요하다는 것을 깨달았다. 학원에 다니지 못할 가정 형편이었던 나는 맨땅에 헤딩하듯 직접 부딪히며 나만의 공부법을 만들어나갔다. 같은 시간을 공부해도 공부법과 입시 정보의 차이로 성적이 갈리는 수험 생활에서, 나에게 맞는 학습 전략을 세우기 위해 인터넷 세상에 흩어진 대입 정보를 샅샅이 찾아가며 대비했다.

전교 1등과 수능 만점자, SKY 합격생 등의 공부법과 전략을 따라 공부하면서 나만의 최적화된 공부법을 정립할 수 있었다. 그렇게 홀로 인고의 시간을 보내다 보니 어느새 만년 중위권에서 반 1등, 전교 4등, 전교 1등까지 성적이 점차 상승했고 그와 함께 자신감도 높아졌다. 처음에는 높아만 보였던 공부의 벽이 더 이상 두렵지 않았다. 그리고 나는 서울대학교에 당당히 합격했다. 믿기 어렵겠지만 연세대학교, 고려대학교, 포항공과대학교까지 모조리 동시 합격했다. 오로지 혼자 힘으로 전쟁터 같은 입시에 직접 부딪히며 이뤄낸 성과다.

내가 고등학교 3년간 입시를 준비하며 뼈저리게 깨달은 분명한 사실이 한 가지 있다.

'대학 입시는 철저히 정보 싸움이다.'

'누가 공부를 더 열심히 하는가'보다 '누가 공부와 입시 정보를 더 많이 알고 활용하는가'가 승부를 가른다. 무작정 우직하게 공부에 많은 시간을 들인다고 해서 단숨에 성적이 오르지는 않는다. 올바른 공부법을 터득하는 것이 먼저다. 그 공부법은 나처럼 직접 여기저기 부딪혀가며 깨달을 수도 있지만, 이미 입시를 경험한 선배들이나 선생님들의 조언을 얻으면 시행착오를 최소화하고 빠르게 터득할 수 있다. 모두에게 똑같이 한정된 시간이 주어진 수험 생활에서 시간을 최대한 효율적으로 활용한다는 것은 대입 결과를 바꿀 만큼의 강력한 힘을 지닌다.

내 주변에는 나에게 공부 조언을 해주는 사람이 없었다. 학원을 다니지 않고 독학했기에 입시 정보를 얻을 곳도 없었다. 하지만 상황이 열악한 만큼 이를 극복하기 위해 더 치열하게 정보를 찾아 헤맸다. 교육부와 대학 입학처 자료를 뒤지며 필요한 정보를 악착같이 모았다. 용돈을 아껴 공부법 책을 샀고 수험생 커뮤니티에서 서울대학교 선배들의 입학 수기 수십 개를 정독했다. 이 과정에서 공부와 입시에 관한 금쪽같은 정보를 얻을 수 있었고, 이를 나에게 최적화하여 누구보다 치밀하게 대입을 준비했다.

이렇게 고생하며 일군 나의 모든 수험 노하우를 대학 입학을 끝으로 영원히 묻어두게 되는 것이 아쉬워서, 그 안타까운 마음을 담아 유튜브 채널을 개설했다. 나처럼 경제적으로 어려운 환경에서 공부하는 학생들, 공부할 의지는 있지만 어디서부터 어떻게 해야 할지 몰라 막막해하는 학생들, 더 좋은 대학에 갈 수 있는 실력임에도 입시 전략이 부족해 포기하려는 학생들에게 든든한 멘토가 되어주고 싶다는 마음에서였다.

이 책은 그동안 영상으로 짤막하게 담아 안내했던 나의 모든 공부·입시 노하우를 총정리해 안내하는 비법서이다. 내가 직접 부딪히며 터득한 생생한 입시 경험담은 물론, '교과서를 중심으로 열심히 공부하면 된다'와 같은 막연한 조언이 아닌 실제 성적 향상과 성공적인 대입 결과를 만든 증명된 공부 전략을 담았다. 외우기 싫어도 외워지는 영단어 암기법, 공부가 재미있어지는 퀘스트 공부법 등 지금 바로 적용하여 성과를 낼 수 있는 초효율 공부 비책이다.

외롭고 고독한 여러분의 수험 생활에 이 책이 든든한 길잡이가 되기를 바란다. 조금 더 욕심을 내본다면, 여러분이 내 공부법을 차근차근 따라 해보면서 공부 그 자체에 더욱 가치를 느끼길 바란다. 그리고 인생에서 처음으로 긴 노력의 결실을 이루는 대입에서 값진 결과를 성취하기를 간절히 소망한다.

여러분의 삶은 공부로 더 빛날 수 있다.

2023년 3월 서울대학교 도서관에서

안소린

차례

추천사 공부에 모든 열정을 쏟아본 선배들이 이 책에 보내는 뜨거운 찬사 · 6

프롤로그 꿈을 향한 고독한 싸움에서 더 이상 외롭지 않기를 · 8

PART
1

더 이상
공부가 외롭지 않다

1. 게임만 좋아했던 소녀, 공부에 눈뜨다

가난이라는 벽 앞에서 피어난 꿈 · 20 | 공부, 더는 미룰 수 없다 · 24 | '과학자'가 되고 싶다 · 27 | 꿈으로 가는 항로를 찾다 · 30 | 절실함이 모든 것을 이긴다 · 34 | 전교 1등의 껌딱지가 되다 · 37 | 이미 시작한 공부를 다시 멈출 수는 없다 · 41 | 공부는 끊임없이 나의 한계를 시험한다 · 44 | 실패는 더 성장할 기회가 된다 · 47

2. 간절한 꿈은 반드시 이루어진다

나는 매일 서울대생과 함께 공부한다 · 52 | 도저히 깨지지 않을 것 같던 벽을 부수다 · 55 | 모두가 혀를 내두를 만큼 공부에 미치다 · 58 | 하루하루가 모여 습관을 만든다 · 61 | 꿈은 또 다른 꿈을 낳는다 · 64 | 노력은 반드시 결과로 보답한다 · 68 | 내가 이토록 치열하게 공부에 매달린 이유 · 71 | 입시는 더 간절한 사람의 손을 들어준다 · 77

PART 2

무조건 합격으로 통하는
6가지 공부 기술

1. 학습의 기술

모든 학습은 3가지 요소로 이루어진다 · 86 | 학습 능률이 오르는 5:3:2 법칙
· 89 | 공부가 재미있어지는 퀘스트 공부법 · 96 | 퀘스트를 깨면서 학습 속도
를 높인다 · 98

2. 계획의 기술

노력한 만큼 실력으로 연결되는 공부의 법칙 · 102 | 좋은 계획이 좋은 공부
를 만든다 · 108 | 공부 효율을 높이는 플래너 작성법 · 115

3. 문제 풀이의 기술

같은 문제집을 풀어도 성적이 제각각인 이유 · 123 | 문제집을 씹어 먹는
'MUST 공부법' · 127

4. 암기의 기술

오감을 활용하여 지식을 인출하라 · 132 | 핵심을 따라 생각을 확장한다 - 키
워드 공부법 · 135 | 무질서를 스토리로 연결하라 - 스토리텔링 암기법, 단어
만들기 · 137 | 자주 떠올릴수록 깊이 각인된다 - 포스트잇 암기법 · 142 |
음률을 붙이면 저절로 연상된다 - 노래 개사 암기법 · 144

5. 시험 돌파의 기술

1등은 시험에 임하는 마음가짐부터 다르다 · 149 | 시험을 미리 경험하며 익
숙해진다 · 152 | 시험 직후 반드시 거쳐야 하는 5단계 · 154

6. 입시 전략의 기술

3년 공부 로드맵이 합격까지 안내한다 · 160 | 예비 고1 공부 로드맵 · 162 |
고1 1학기 공부 로드맵 · 169 | 고1 2학기 공부 로드맵 · 173 | 고2 1학기 공부
로드맵 · 176 | 고2 2학기 공부 로드맵 · 179 | 고3 공부 로드맵 · 181

PART 3

상위 1% 서울대생의
과목별 비밀 특강

1. 국어 개념을 뼈대 삼아 사고를 확장한다

국어 공부의 첫걸음은 '개념'이다 · 188 | 정확성이 우선, 속도는 그다음이다 · 191 | 국어 영역별 세부 공부법 · 193 | 3주 만에 끝내는 국어 내신 루틴 · 199

2. 수학 나만의 풀이법을 세우면 반드시 답을 찾는다

풀이 알고리즘이 정답으로 안내한다 · 205 | 모든 수학 문제는 4단계로 해결한다 · 208 | 수학 문제집을 독파하는 노트 활용법 · 213 | 핵심만 살리는 오답 노트 작성법 · 218 | 계산 실수를 극복하는 확실한 방법 · 222 | 5주 만에 끝내는 수학 내신 루틴 · 225

3. 영어 빠른 속도로 지문의 핵심을 간파한다

외우기 싫어도 외워지는 영단어 암기의 5단계 · 234 | 구문, 문법을 머릿속에 확실히 새겨라 · 243 | 전략적으로 핵심을 파악한다 · 244 | 분석 노트로 출제 경향까지 간파한다 · 248 | 덩어리로 만들면 더 오래 기억된다 · 254 | 3주 만에 끝내는 영어 내신 루틴 · 257

4. 한국사 흐름을 그리며 개념을 암기한다

무조건 흐름부터 잡는다 · 261 | 3주 만에 끝내는 한국사 내신 루틴 · 263

5. 사회, 과학탐구 기출문제를 독파하며 개념을 체화한다

선생님이 되어 개념을 장악하라 · 268 | 문제 유형을 알면 답이 보인다 · 271 | 3주 만에 끝내는 사회탐구 내신 루틴 · 272 | 4주 만에 끝내는 과학탐구 내신 루틴 · 275

PART
4

공부에 지치지 않는
마음을 키워라

1. 공부를 계속하게 만드는 법칙

지치지 않고 공부하게 만드는 힘 · 282 | 나만의 공부 자극 콘텐츠를 만들어라 · 287 | 공개 선언 효과의 마법 · 293 | 목표를 수시로 적어라 · 295 | 과도기를 견디면 공부를 계속하게 된다 · 297

2. 공부 근육을 키우면 공부가 쉬워진다

근본을 지키되 '똑똑하게' 공부하라 · 301 | 자투리 시간을 100% 활용하는법 · 304 | 공부를 방해하는 중독의 사슬을 끊어라 · 307 | 미루는 습관을 극복하는 3가지 방법 · 314 | 슬럼프에서 벗어나는 가장 빠른 방법 · 319 | 결국 공부는 마음먹기에 달렸다 · 323

에필로그 변화를 꿈꾼다면 지금 당장 행동하라 · 326
참고자료 · 330

PART
01

더 이상
공부가 외롭지 않다

게임만 좋아했던 소녀,
공부에 눈뜨다

가난이라는 벽 앞에서
피어난 꿈

길거리를 걷다 보면 뾰족하게 솟은 첨탑에 빨간 십자가가 달린 교회 건물을 심심치 않게 볼 수 있다. 대다수의 사람들은 십자가에만 시선을 둘 뿐 그 바로 아래에 무엇이 있는지는 별 관심을 두지 않는다. 나는 교회 첨탑 바로 아래의 옥탑방에서 어린 시절을 보냈다. 5평 남짓한 조그마한 단칸방에서 아버지, 어머니, 언니, 나 네 식구가 옹기종기 모여 살았다.

당시 아버지의 사업 실패로 우리 가족은 갈 곳 없이 떠도는 신세였다. 어머니도 지병을 앓고 계셨기에 하루하루 생계를 이어가기 어려운 나날이었다. 그러던 중 어머니가 수년 동안 다니고 있던 교회의 목사님이 우리 사정을 듣고 교회 건물 맨 꼭대기의 작은 방을 내어주셨다. 그렇게 5평짜리 옥탑방에서의 삶이 시작되었다.

집은 네 가족이 살기에 너무도 좁았다. '집'보다는 '방'이라는 표현이 더 맞을지도 모르겠다. 큰 솜이불을 바닥에 깔고 다 같이 누우면 방바닥이 여백 없이 가득 찼다. 천장 중앙에 달려 있던 백열등은 간신히 어둠만 없앨 뿐, 가장자리까지 밝게 비추기에는 역부족이었다. 아직도 그곳의 눅눅한 공기가 잊히지 않을 만큼 방은 늘 습했고 퀴퀴한 냄새가 났다.

집 안에 화장실이 없어서 볼일을 볼 때는 아래층으로 내려가 건물 공중화장실을 써야 했다. 새벽에 캄캄한 계단을 지나 화장실에 다녀오기가 무서워서 부모님을 깨워 같이 가곤 했다. 이런 형편에 집에 온수가 나온다는 건 꿈같은 이야기였다. 칼바람이 불며 날이 추워지는 겨울에는 세수를 할라치면 손이 찢어질 듯 아려왔다. 그럴 때는 허리 높이까지 오는 큰 플라스틱 대야에 물을 한가득 받고 돼지 꼬리 모양의 온수 히터를 이용해 물을 데워 씻었다.

나는 평생 이렇게 태어나 자라왔고 내가 경험한 세상은 그게 전부였기에 이것이 보통의 평범한 삶인 줄 알았다. 그런데 초등학교에 입학해 바깥세상을 마주하면서부터 처음으로 우리 집이 남들과 다름을 깨닫기 시작했다.

'우리 집은 가난하구나.'

내 일상이 친구들과는 다르게 흘러간다는 사실을 친구와 대화하면서 몸소 느낄 수 있었다. 생일이면 식구들과 외식하고 방학에는 가족여행을 가거나 놀이공원에 놀러가는 일…. 심지어 친구들이 가게에서 갖고 싶은 물건을 쉽게 구입하는 일상조차 나에겐 모두 낯선 모습이었다. 친구들에게는 당연한 것이 내게는 모두 동화 속 이야기처럼 들렸다. 내가 감히 경험해 본 적도 없고 꿈꿔본 적도 없는 일들이었다.

그때 태어나 처음으로 '부끄러움'이라는 감정을 느꼈다.

친구들에게 나의 가난을 숨기고자 애썼다. 지저분한 옥탑방을 보여주기 싫어 온갖 핑계를 대며 집에 친구들을 초대하지 않았다. 핸드폰 요금이 미납되어 수신 정지를 당했을 때는 핸드폰이 망가졌다고 거짓말했다.

하지만 아무리 그렇게 감추려 해도 내가 가난하다는 사실을 스스로에게까지 숨길 수는 없었다. 가난은 내게 수치심과 박탈감마저 안겨주었다. 담임선생님이 몇 달 동안 계속 급식비를 내지 못한 나를 교실 앞으로 불러내 친구들 앞에서 미납 고지서를 주었던 날, 그렇게 좋아하던 피아노 학원을 집안 사정 때문에 그만두게 되었던 날의 기억은 지금도 머릿속에 선명한 상처로 남아 있다. 이렇듯 어릴 때부터 가난이라는 것의 실체를 온몸으로 경험한 나는 마음속으로 굳은 다짐을 품었다.

'내가 어른이 되면 반드시 성공하고야 말겠다.'

하지만 중학생이 되어도 나는 공부에 전혀 관심이 없었다. '고등학생 때부터 열심히 공부하면 되겠지. 지금은 괜찮아' 하며 공부를 나중으로 넘기고 매일 친구들과 열심히 놀러 다니기 바빴다. 낮에는 학교 근처 노래방에 가서 최신 가요를 열창하고 밤에는 메이플스토리, 던전앤파이터 같은 게임에 빠져 자정이 다 되어서까지 컴퓨터 앞에 앉아 있었다. 잠을 못 자서 눈이 퀭해지고 다크서클이 생겨도 상관없었다. 내겐 게임이 가장 재미있으니까.

수업 시간에는 친구들과 떠들다가 선생님께 주의를 받기도 했다. 혼나도 그때뿐, 학교가 끝나고 얼른 놀고 싶은 마음을 다잡고 수업에 집중하기란 쉽지 않은 일이었다. 그나마 공부란 것을 할 때는 시험을 코앞에 두었을 때였다. 평소에 같이 놀기만 했던 친구들도 중간고사나 기말고사가 2주 정도 남은 무렵부터는 공부하러 떠나니 그때나마 잠깐 나도 책상 앞에 앉아 벼락치기 공부를 했다. 시험 성적은 줄곧 중위권 정도였다. 시험 기간에 반짝 공부해서 이 정도 성적이 나온 거면 훌륭하다며 스스로 만족했다.

그렇게 맞이하게 된 중학교 2학년 2학기 말, 여느 때와 다름없이 놀면서 보내는 하루하루였다. 그런데 늘 함께 게임하고 놀러 다니던 친구들이 공부하러 학원에 가야 한다며 하나둘 빠지기 시작했다. 친구들이 학원 숙제를 하거나 문제집을 푸느라 함께 보내는 시간도 점점 줄었다. 언제부터인가 나만 공부하지 않는 것 같았다. 그런 일상이 계속되자 마음 한구석이 찌릿해 왔다.

'내가 이렇게 공부를 계속 미뤄도 될까?'

이대로 계속 공부와 벽을 쌓고 놀기만 하다가는 혼자 세상에서 낙오될 것 같아 불안해졌다. 그동안에는 고등학생 때부터 하면 된다며 공부를 미뤄왔는데, 벌써 중학교 3학년이 되니 고등학생이 그다지 멀지 않았다는 생각에 마음이 조급해졌다. 이제껏 공부라곤 시험 기간에 한 벼락치기가 전부였던 내 머릿속에는 아무런 지식도 남아 있지 않았다. 이대로 고등학생이 되면 다른 친구들을 영영 따라잡을 수 없을 것 같았다.

'중학교 때 올 A여도 고등학교 가면 성적이 뚝뚝 떨어진다는데, 올해도 이렇게 공부를 놓고 있다가는 고등학교에 가면 망할 거야.'

이런 생각이 꼬리에 꼬리를 물자 그동안 그렇게 재미있던 게임이나 노래방이 더는 즐겁지 않았다. 몸은 게임을 하고 있어도 머릿속은 걱정으로 가득해 찝찝하고 불안했다. '지금 내가 이럴 때가 아닌데…' 하는 생각에 괴로웠다.

주변을 둘러보니 공부를 잘하는 친구들은 학원에서 선행을 한 덕분에 벌써 고등학교 문제까지 척척 풀어냈다. 고등학교 공부는커녕 중학교 3학년 공부도 해본 적 없는 나는 이제부터라도 공부를 시작해 보아야겠다고 마음먹었다.

'이제 정말 공부할 때가 되었다.'

공부하자고 마음먹은 순간, 어느샌가 잊고 있었던 나의 오랜 목표가 머릿속에 떠올랐다. 어른이 되어 꼭 성공하고 말겠다는 다짐. 가난에서 벗어나는 데 공부가 튼튼한 사다리가 되어줄 것만 같았다. 늘 돈 문제로 다투는 부모님, 사소한 일로 서로 상처 주고 눈치 봐야 하는 우리 가족을 더 나은 환경으로 옮겨줄 수 있을 것 같았다.

오래 방치해 두어 낡고 빛바랜 다짐을 꺼내 먼지를 툭툭 털어내고 새것처럼 닦아냈다. 이제는 공부가 나중의 문제가 아닌 현재의 문제임을 깨달았다. '지긋지긋한 가난에서 벗어나려면 정신 차리고 악착같이 공부하자'는 생각이 나를 완전히 사로잡았다. 그저 흘러가는 대로 두었던 내 삶에서 처음으로 가슴 벅차던 순간이었다.

'과학자'가 되고 싶다

나는 별다른 꿈이나 목표가 없었다. 어릴 때부터 피아노

치는 것을 좋아했기에 막연하게 피아니스트를 꿈꿨지만, 중학생이 되면서 그 꿈은 현실성이 없다는 걸 깨달았다. 예체능 입시를 준비하려면 레슨비로만 한 달에 수십, 수백만 원이 든다는데 우리 집 형편에 그 수준을 감당하기는 역부족이었기 때문이다. 그 이후로는 새로운 꿈을 찾으려 굳이 노력하거나 고민하지 않았다. 그저 주어진 하루하루를 보낼 뿐이었다.

그러던 어느 날, 처음으로 꿈을 가질 기회를 마주했다. 나는 무언가 추상적이고 감상이 필요한 국어 같은 과목보다 정답이 분명하게 떨어지는 수학과 과학을 좋아했는데 이를 알고 계신 담임선생님께서 흥미로운 제안을 해주셨다.

"소린이 네가 과학을 좋아하니까, 이공계 체험 프로그램에 참여해 보면 어떨까?"

선생님이 건네주신 종이에는 대문짝만하게 '건국대학교 이공계 캠프'라고 쓰여 있었다. 안내문을 읽어보니 건국대학교의 여러 이공계 연구실을 방문하여 실험을 체험해 보는 프로그램이었다. 어차피 방학에 할 것도 없으니 참여하면 재미있겠다는 생각에 선뜻 신청했다.

캠프는 5일간 진행되었는데, 사실 처음에는 이 캠프로 무언가를 얻어가야겠다는 마음보다는 가볍게 구경하러 왔다는 생각이었기에 불성실하게 참여했다. 우리 학교에서 이 캠프에 참여한 학생이 나뿐이라 함께 의지할 친구도 없어 초반에는 어색하고 지루했다. 프로그램에 집중하기보다는 수시로 친구와 문자 메시지를 주고받으며 딴짓하기 바빴다.

그러던 중 실험실을 탐방해 보는 시간이 왔다. 한 공대 실험실을 살펴보는 체험이었다. 실험실에 입장하기 전에 흰 방진복과 방진모를 착용한 후, '우우웅' 하고 시끄러운 바람 소리가 나는 에어 샤워 부스를 지나며 몸에 붙은 먼지를 제거했다. 이런 과정을 거쳐 먼지가 전혀 없는 방인 '클린룸'이라는 공간에 도착했는데, 처음 경험해 보는 것이라 마치 영화 세트장에 들어와 있는 듯 신기했다.

새하얀 실험복에 투명한 고글을 낀 연구원들이 자신의 실험에 대해 설명하는 모습을 보자 심장이 요동치기 시작했다. 연구와 실험에 열정을 갖고 열심히 몰두하는 연구원들의 모습이 멋져 보였고, '나도 저런 과학자가 되면 어떨까?' 하는 상상을 하게 되었다. 내가 좋아하는 과학을 계속 연구하는 삶은 굉장히 의미 있으리라는 확신이 들었다.

'세상의 다양한 물리적 현상을 연구하며 아직 세상에 알려지지 않은 과학 법칙을 밝혀내는 것. 이 경이로운 일을 해내는 물리학자가 되어야겠다!'

✎‿‿‿‿ 꿈으로 가는
항로를 찾다

이공계 캠프를 계기로 물리학자라는 꿈을 품게 된 나는 물리학자가 되려면 구체적으로 어떻게 해야 하는지 고민하기 시작했다. 주변에 조언을 구할 과학자가 없었기에 우선 인터넷에 '과학자 되는 법'을 검색했다. 인터넷에 올라와 있는 수많은 질문 글과 답변들, 블로그에 소개된 설명들을 샅샅이 찾아 읽었다. 수많은 글을 읽으며 알게 된 과학자가 되는 방법은 이러했다.

'고등학생 때 공부를 열심히 하고 특히 수학, 과학 성적을 잘 받아라. 그리고 좋은 대학의 물리학과에 진학하여 이후 대학원에 가면 연구자가 될 수 있다.'

그런데 글을 읽던 중 눈에 띄는 단어가 하나 있었다. 바로 '과학고등학교'였다. 나는 처음 보는 단어였기에 '과학고가 뭐지?' 하며 인터넷에 검색해 보았다. 찾아보니 과학고는 특수목적고등학교의 한 유형으로 수학과 과학에 중점을 두고 가르치는 고등학교였다. 과학고에 입학하면 일반고에 비해 훨씬 깊고 어려운 수학·과학 지식을 배운다고 했다. 그리고 무엇보다 내 눈을 사로잡았던 설명은 영재들과 함께 공부하면서 다양한 실험을 많이 한다는 점이었다. 과학고가 어떤 곳인지 직접 경험하고 싶었다. 내 꿈을 이루려면 그곳에 꼭 가야 한다는 확신이 들어 과학고 학생이 되고 싶었다.

하지만 동시에 과학고는 내가 절대 이룰 수 없는 목표처럼 느껴졌다. 과학고는 중학교 2학년부터 3학년까지의 수학·과학 내신 성적을 바탕으로 입학생을 선발하기에 만년 중위권이었던 내가 들어가기는 힘든 곳이라는 생각이 들었다. 또 과학고에 입학하기 위해 고등학교 3학년 진도까지 선행하고 심지어 과학고 입시 전문학원을 다니는 다른 학생들과 달리, 중학교 공부조차 제대로 하지 않았고 학원 다닐 형편도 안 되는 나에게 과학고는 터무니없는 꿈인 것만 같아 서글퍼졌다.

그날 저녁 우울한 마음을 안고 언니, 아버지와 함께 동네를 산책했다. 함께 걷는 와중에도 머릿속에 과학고 생각이 맴돌아 고민스러운 마음에 말없이 거닐 뿐이었다. 평소와 달리 침울한 표정으로 조용히 걷기만 하는 내가 이상했는지 언니가 무슨 걱정이 있냐며 말을 걸었다. 나는 '내가 감히 과학고에 가고 싶다고 말해도 될까? 혹시나 비웃음을 당하는 건 아닐까?' 하며 말을 꺼내도 될지 고민했다. 그래도 내 고민을 털어놓고 식구들의 의견도 구해보자는 생각에 용기를 내어 말했다.

"저… 과학고에 가고 싶어요. 그런데 거기는 공부를 잘하는 애들만 가는 데라 저는 못 갈 것 같아요."

이 말을 들은 아버지와 언니는 눈이 휘둥그레져서는 내가 상상했던 것과 전혀 다른 반응을 보였다.

"과학고?! 우리 소린이는 당연히 갈 수 있지! 꿈을 갖는 건 좋은 거야. 시도해 보지도 않고 절대 포기하지 마."

어쩌면 허황될지도 모르는 내 꿈을 가족들은 진심으로 응원해 주었다. 결과가 어떻게 되든 우선은 최선을 다해 도전해 보라는 말에 자신감을 얻을 수 있었다. 이 경험은 이후로도 내가 나를 더욱 믿고 전진하는 데 밑거름이 되었다. 내가 사랑하는 사람이 나를 믿어준다는 것은 실로 놀라운 힘을 발휘한다. 해낼 수 없을 거라는 부정적인 생각에만 사로잡혀 포기할 뻔한 꿈을 다시 잡고 열심히 달려보기로 결심했다.

　격동의 겨울방학을 보내고 드디어 중학교 3학년이 되었
다. 개학 첫날, 나는 이전과 180도 다른 학생이 되어 있었
다. 수업 시간에는 선생님과 끊임없이 눈을 맞추며 수업 내
용을 토씨 하나 놓치지 않기 위해 집중했다. 이전처럼 수업
시간에 떠들거나 조는 일은 전혀 없었다. 쉬는 시간 또한 허
투루 보내지 않고 단어장을 보며 영단어를 외우거나 수학
문제집을 펼쳐 문제를 푸는 시간으로 활용했다.

　그동안 뒤처진 학습 진도를 보충하고 더 나아가 고등학
교 1~2학년 내용까지 살펴봐야 했기에 마음이 급했다. 수학
문제 풀기에 집중하다 보면 쉬는 시간마다 친구들이 왁자
지껄하게 떠드는 소리도 잘 들리지 않았고 주변이 고요해
지는 느낌이 들었다. 친구들이 같이 놀자며 제안해도 내 마
음은 쉽게 동요되지 않았다. 나를 믿어주는 가족들의 진심
어린 응원도 받은 차에 이렇게 쉽게 무너질 수는 없었다. 처
음으로 품은 꿈을 이루겠다 굳건하게 마음을 먹었기에 그

무엇도 내 공부를 막을 수는 없었다.

과학고 입학 면접을 대비하고자 물리학 도서도 읽기 시작했다. 『이상한 나라의 양자역학』, 『파인만 씨 농담도 잘하시네』 등 주변 친구들은 절대 읽지 않을, 표지만 봐도 머리가 아파지는 책들을 닥치는 대로 읽어나갔다. 쉬는 시간에 조용히 자리에 앉아 이런 책들을 읽고 있으면 친구들이 다가와 신기해했다. 쉬는 시간마다 시끄럽게 수다를 떨며 놀기 바빴던 아이가 갑자기 처음 보는 양자역학 책을 들고 있으니 이상하게 바라볼 만도 했다. 어떤 친구들은 이렇게 생각하는 것 같기도 했다.

'쟤 왜 저래? 소린이가 갑자기 변했네.'

실제로 중학교 2학년 때 나와 절친했던 친구들은 갑자기 다른 사람이 된 나를 어색해했다. 심적으로도 거리를 두는 듯했고, 같이 놀자며 말을 거는 것도 눈치를 보고 주저했다. 물론 나도 친구들과 이전처럼 맘 편히 놀 수 없는 상황이 내심 아쉽기도 했다. 혹시 친구들이 모두 나를 떠날까 봐 불안한 마음도 들었다. 하지만 당장 친구들과 노는 것보다 공부로 실력을 쌓는 게 더 간절하고 중요했던 나는 이대로 무너질 수 없었다.

공부하기로 마음먹은 초반에는 그동안 '노는 학생'이었던 내가 이제는 '공부하는 학생'으로 이미지를 바꾼다는 것이 왠지 쑥스럽고 부끄러웠다. 그다지 공부에 관심을 두지 않았는데 느닷없이 이제부터 공부를 열심히 할 거라고 선언하면 남들이 나를 놀리고 손가락질할 것 같았다. 어렸던 당시의 나는 스스로를 어떻게 생각하는가보다 다른 사람이 나를 어떻게 생각하는가가 더 신경 쓰였기 때문이다. 그래서 쉬는 시간에 물리학 책을 읽을 때는 책상 밑으로 책을 내린 채 고개를 숙이고 몰래 읽었고, 교실보다는 보는 눈이 적은 도서실에 올라가서 공부하곤 했다.

하지만 1주, 2주… 계속 묵묵히 공부하다 보니 친구들도 점차 변화된 내 모습에 적응했다. 흔들림 없이 늘 열심히 하는 모습이 대단하다며 응원해 주기도 했다. 이후에는 오히려 내가 쉬는 시간에 공부하지 않고 수다를 떨면 친구들이 신기하게 쳐다볼 정도였다.

만약 이제부터 맘잡고 공부를 시작하고 싶지만, 갑자기 달라지는 내 모습을 볼 주변 사람들의 시선이 신경 쓰여 망설이는 학생이 있다면 이렇게 조언하고 싶다.

'딱 일주일만 버텨라!'

인간은 적응의 동물이다. 주변에서 달라진 내 모습을 낯설어하거나 이상하게 보는 것 같아도 흔들리지 말고 일주일만 버텨라. 그럼 친구들도 변화된 여러분의 모습을 점점 자연스럽게 받아들일 것이다. 절실함은 부끄러움을 이긴다. 간절한 마음을 가지고, 남들 시선은 신경 쓰지 말고 공부에 더 집중하라.

✎ 〰〰〰

전교 1등의 껍딱지가 되다

중학교 3학년 때는 신기하게도 우리 반에 전교 1등과 2등인 친구가 모두 있었다. 이전에는 이런 친구들을 나와는 다른 세계의 사람으로 생각하고 신기하게만 여겼지만 이제는 내 공부 실력을 키울 수 있는 기회로 보였다. 어떻게 공부했기에 전교 1, 2등이 되었는지 궁금했다. 그 방법을 터득해 나도 성적을 높이고 싶었다. 공부를 잘하는 친구들과 가깝게 지내다 보면 그들의 공부 태도나 방법도 함께 익힐 수 있을 거고, 그러면 자연스럽게 나도 그 모습을 닮게 되리라는 생각에 그들과 친해져야겠다고 다짐했다.

그 친구들과 가까이 지내면서 그들의 공부 방식을 옆에서 보고 무작정 따라 했다. 친구들이 보는 유명한 EBS 강의를 듣고, 똑같은 내신 문제집을 풀었다. 시험 기간에는 그들을 따라 교과서를 5번 이상 읽었고 교과서에 나온 문제는 3~4번 반복해서 풀며 완벽하게 내 것으로 만들고자 했다. 교과서에 샤프로 답을 쓰고 지우고, 또 쓰고 지우기를 반복했더니 종이가 찢어지기 일쑤였다. 그렇게 너덜너덜해진 교과서를 가지고 미친 듯이 공부했다.

모르는 문제는 친구의 자리로 찾아가 물어보기도 했다. 고맙게도 두 친구 모두 늘 친절하게, 내 눈높이에 맞춰 풀이 방법을 쉽게 설명해 주었다. 그중 한 친구는 영어권 국가에 유학을 다녀와서 영어가 유창했는데, 영어 공부를 하다가 궁금한 점이 생기면 그 친구에게 자주 물어보았다. 한번은 영단어를 외우다가 'verbal'이라는 단어의 'v'와 'b'의 발음이 헷갈려서 단어의 올바른 발음을 물어본 적이 있었다. 친구의 입술 모양을 보고 발음을 들으며 직접 따라 해보면서 올바른 발음을 잡아갈 수 있었다. 친구가 인내심을 갖고 수십 번 동안 내 발음을 세심하게 교정해 준 덕분이었다.

쉬는 시간에도 친구들과 함께 자리에 앉아 공부하는 분위기가 만들어지면서 자연스레 공부 습관도 다잡을 수 있었다. 우리 학교에서 가장 공부를 잘하는 친구들의 공부법을 똑같이 따라 하자 내 실력도 점차 그들과 가까워지는 기분이었다. 그렇게 공부에 몰두하는 동안 그 노력의 결과를 처음으로 확인해 볼 수 있는 1학기 중간고사가 코앞으로 다가왔다. 나는 지난 시험보다 더 나은 점수를 받기 위해 치열하게 공부했다. 시험은 늘 벼락치기로 봤던 내가 드디어 평소 열심히 쌓은 실력으로 자신 있게 치른 시험이었다.

중간고사 성적표를 받던 날 느꼈던 벅찬 감정은 아직도 기억에 선명하다.

'전교 8등!'

중1 때 성적인 전교 50등에서 무려 42등이나 올라온, 처음으로 한 자릿수대를 기록한 등수였다. 그동안 그저 전교 1등의 공부법을 흉내만 낸 것이 아니라 진짜 그 과정을 통해 내 실력을 단단하게 쌓았음을 증명한 순간이었다. 이제까지 공부에 쏟은 노력이 배신하지 않았다는 사실에 심장이 빠르게 뛰며 흥분되고 기뻤다. 앞으로 이렇게만 계속 공부하면 더 높은 성적까지도 도약할 수 있겠다는 기대감에 부풀었다.

이미 시작한 공부를 다시 멈출 수는 없다

　그동안 해온 공부 방식에 자신감이 붙은 나는 기말고사 때 더 높은 등수로 올라서고자 이전보다 몇 배의 노력을 다해 공부에 집중했다. 매일 수업을 마치고 혼자 학교에 남아 그날 배운 교과서와 프린트물의 내용을 빠짐없이 달달 외웠다. 암기해야 할 내용은 A4 용지에 작은 글씨로 빼곡히 요약 정리했다. 등하교를 할 때나 밥을 먹을 때 이 요약 정리한 종이를 들고 다니며 수십 번 읽었다. 그리고 인터넷 강의를 통해 고난도 개념까지 확실하게 대비했다. 이렇게 나는 시험을 절박하게 준비했다.

　그렇게 최선을 다해 치른 기말고사 성적표를 받아 든 날, 내 예상을 뒤엎는 희한한 일이 벌어졌다. 전교 등수가 이전보다 두 등수가 하락한 10등을 기록했기 때문이다. 이번에 더 열심히 했으니 성적이 올라야 하는 게 당연한 것 아닌가? 더 큰 노력을 들인 만큼 당연히 더 높은 등수를 받을 거라 자신했는데, 오히려 이전보다 살짝 떨어진 성적을 마주하니 당혹스러웠다.

혹시 내가 공부하면서 실수하거나 잘못한 부분이 있는지 찬찬히 돌이켜 생각해 봤다. 그런데 아무리 생각해도 중간고사 때처럼 인터넷 강의와 교과서를 기반으로 개념을 촘촘히 채우고 문제집으로 실전 감각을 높이면서 더욱 완벽하게 공부했다고 자신할 수 있었다. 순수하게 공부에 몰입한 시간으로 따지면 절대 전교 9등까지의 학생들에게 뒤지지 않을 것 같았다.

내 앞에 있는 9명의 학생들은 대체 어떻게 공부하기에 그 자리를 굳건하게 지키고 있는지 궁금했다. 그래서 공부하는 데 길잡이가 되어준 전교 1, 2등 친구들에게 이러한 고민을 털어놓으며 대체 나와 그들의 차이점이 무엇인지 물어보았다. 그리고 내가 모르는 그들만의 공부법이 있는지, 내가 놓치고 있는 것이 무엇인지 찾고자 했다. 그 결과, 그들과 나의 공부 방식에서 딱 하나 다른 점을 발견하게 되었다. 바로 전교 1등부터 9등까지의 학생은 모두 과외나 학원 등 사교육의 도움을 받고 있다는 점이었다.

대형 어학원에 다니며 체계적으로 학습하고 종합학원에

다니며 우리 학교에 특화된 내신 자료를 제공받는 학생들을 이기기에는 내 정보력이 턱없이 부족했던 것이다. 가정 형편이 좋지 않은 나에게는 참으로 가혹한 진리였다. 노력하면 될 거라 기대해 온 나의 공부 여정에 회의가 드는 순간이었다.

'사교육의 힘은 정말 대단하구나. 과연 내가 저들을 뛰어넘을 수 있을까?'

최상위권의 벽은 그 무엇보다 단단하고 높게 느껴졌다. 아무리 내가 혼자 열심히 해본들 절대 뛰어넘을 수 없는 벽 같았다. 하지만 이미 공부라는 레이스에서 엑셀을 밟은 이상 다시 브레이크를 밟을 수는 없었다. 이왕 시작했다면, 비록 돈도 빽도 없지만 끝까지 최선을 다해서 내 한계를 시험해 보자고 마음을 다잡았다.

학원에서 도움받을 수 없다면 나만의 돌파구를 찾기로 했다. 만일 후회하더라도 모든 노력을 쏟아부은 후에 후회하자고 다짐하고 또 다짐했다. 이왕 시작한 공부인데 한 번의 좌절로 무너질 수는 없었다.

공부는 끊임없이
나의 한계를 시험한다

중3 1학기 내신을 마무리한 후, 과학고 입시를 본격적으
로 준비하기 시작했다. 당시 과학고를 준비하는 대부분의
학생은 미래탐구나 플라즈마학원 등 대치동의 유명한 과학
고 입시 전문학원에 다녔다. 매년 100여 명의 과학고 입학
생 중 수십 명이 그 학원 출신이라고 알려질 정도였다. 반면
나는 자기소개서부터 면접 준비까지 인터넷으로 각종 정보
를 찾고 담임선생님의 도움을 받으며 준비했다. 짧게는 2년,
길게는 3년 이상 학원을 다니며 치밀하게 준비해 온 친구들
과 경쟁해야 한다니 무서웠다. 이때도 내게 용기를 준 마음
가짐은 하나였다.

'나중에 후회가 남지 않도록 최선을 다해보자.'

혹시나 기적이 생길지도 모른다는 실낱같은 희망을 품고 과학고 입시 준비에 박차를 가했다.

서류 제출 후 대망의 1차 면접 날이 되었다. 1차 면접은 면접관 2명이 우리 학교로 찾아와서 2:1로 면접을 보는 방식이었다. 그동안 담임선생님과 함께 예상 질문과 답변을 열심히 주고받으며 연습했음에도, 면접 시간이 가까워지자 심장이 미친 듯이 쿵쾅쿵쾅 뛰기 시작했다. 내 생애 가장 긴장되고 떨리는 경험이었다. 대기실에서 식은땀을 흘리며 떨고 있는 나를 보시고는 선생님께서 다가와 다독여 주셨다. 마음을 가라앉히고자 차분히 심호흡하다 드디어 내 이름이 호명된 순간, 주먹을 불끈 쥐고 면접장에 들어섰다.

하지만 아무리 심호흡하며 긴장감을 없애보려 해도 역부족이었다. 머릿속으로는 질문에 어떻게 답변해야 할지가 잘 떠올랐지만, 입술을 떼고 말을 시작하면 목소리가 염소처럼 심하게 떨렸다. 면접관님의 배려로 대답을 잠시 멈추고 물도 마셔보았다. 하지만 담임선생님과 면접을 준비할 때와는 차원이 다른 무거운 분위기에 압도된 마음은 쉽게 차분해지지 않았다. 심지어 면접 말미에는 면접을 망쳤다는 생각에 울컥하여 눈물이 차오르기도 했다. 그렇게 총체적 난국을 맞이하며 면접을 마친 나는 좋은 결과를 기대하기에는 어렵겠다고 생각했다.

그런데 웬걸. 하늘이 도왔는지 나는 다행히 1차 면접에 합격했다. 아마도 면접은 잘 못 봤지만 서류나 자기소개서 점수로 합격한 듯했다. 이제 2차 면접만 통과하면 대망의 과학고 입학이었다.

2차 면접은 과학고에 직접 방문하여 진행되었다. 1차 면접에서 쓴맛을 본 나였기에 같은 실수는 범하지 않도록 더 치열하게 준비했다. 학교 선생님, 가족들과 맹연습하면서 답변하는 나의 모습을 동영상으로 찍어 다시 살펴보고 부족한 점을 개선해 나갔다. 그리고 2차 면접 당일, 나는 마치 미국 서부 영화의 주인공처럼 바람이 불어 모래가 날리는 운동장의 흙바닥을 한 걸음 한 걸음 천천히 밟으며, 담대하지만 비장한 마음으로 면접장으로 향했다.

중학교 수학·과학 개념과 창의성을 묻는 면접관들의 질문들에 차근차근 답변해 나갔다. 중학 개념을 완벽하게 복습했기에 어렵지 않게 답변할 수 있었다. 이전과는 다르게 크게 긴장되지 않았다. 머릿속이 하얘지거나 목소리가 떨리지도 않았다. 면접이 순조로웠기에 왠지 합격할 것 같다는 자신감이 슬슬 피어났다.

실패는 더 성장할 기회가 된다

드디어 다가온 최종 합격자 발표 날. 학교 교무실에서 담임선생님의 컴퓨터로 합격자 명단을 조회했다. 심장이 터질 듯했다. '면접을 잘 봤으니 붙었을 거야' 하는 기대감과, '그래도 실력자가 많으니 떨어졌을 거야' 하는 걱정 사이에서 더 긴장되었다. 도저히 결과 확인 버튼을 누를 용기가 나지 않는 나를 대신하여 마우스를 잡은 선생님의 눈동자가 크게 흔들렸다.

'불합격.'

심장이 '쿵' 하고 내려앉았다. 지금까지 과학고에 입학하고자 열심히 달려왔던 지난 여정이 주마등처럼 스쳐 지나갔다. 그간의 노력이 수포로 돌아갔다는 생각에 허탈하고 속상해서 눈물이 왈칵 쏟아졌다. 자기소개서부터 면접까지 과학고 입시를 위해 곁에서 많이 도와주신 담임선생님께도 죄송한 마음이 들었다. 이런 복잡한 심정을 눈치 챈 선생님은 내 어깨를 꼭 감싸며 위로의 말씀을 건네셨다.

"너는 절대 부족한 아이가 아니야. 충분히 똑똑하고 멋지단다. 과학고에 도전한 것만으로도 훌륭하니 절대 낙담하거나 좌절하지 마."

실력과 노력이 부족했다며 자책감에 사로잡힌 나를 구원해 준 한마디였다. 선생님은 내가 부족하고 못나서가 아니라 남들도 쟁취하기 어려운 높은 목표를 향한 도전이었기에 결과에 무너질 필요가 없다며 용기를 북돋아 주셨다. 선생님의 진심 어린 조언을 들으면서, 목표를 이루지 못했다는 결과에만 매몰되어 그간 꿈을 향해 열심히 전진해 왔던

과학고 입시 준비의 흔적

과정을 무시한 나를 반성하게 되었다.

　찬찬히 돌이켜 생각해 보니, 과학고에 도전한 경험은 내가 공부를 계속해 나가는 데 중요한 교훈 두 가지를 남겼다.

　첫째, 세상에는 똑똑하고 유능한 친구가 정말 많으며 나는 이들과 대입까지 계속 경쟁해야 한다. 이번 고입에서는 쓴맛을 봤지만 3년 후에 치를 대입에서는 이 친구들과의 경쟁에서 당당히 승리할 수 있도록 내 실력을 충분히 갈고닦아야 한다. 그런 의미에서 과학고 도전과 불합격은 현재 내 수준을 확인할 수 있는 절호의 기회였다.

둘째, 사교육과 정보력의 힘은 생각보다 강력하며 이를 이길 나만의 도구를 찾아야 한다. '좋은 학원을 다니는가'의 여부가 과학고 합격부터 학교 내신 성적, 더 나아가 대학교까지 결정할 수 있다. 가정 형편상 학원에 다닐 수 없는 나는 이 한계를 뛰어넘기 위해 남들보다 두 배, 세 배 치열하게 공부해야 한다. 다른 학생들보다 한 문제라도 더 풀고 1분 1초를 아껴서 한 글자라도 더 읽어야 한다.

대부분의 학생이 대입을 코앞에 둔 고3이 되어서야 절실히 깨닫는 공부의 두 가지 진실을 나는 중3 때 깨닫고 시간을 아꼈으니 이것만으로도 과학고 입시 준비는 충분한 성과를 남겼다. 지금까지가 예선이었다면 이제부터는 본선이다. 그동안의 배움과 경험을 자양분 삼아 고등학교 내신부터 수능, 대학교 입학까지 자신감을 갖고 목표를 향해 열심히 달려보자고 다짐했다.

인생이 나를 주인공으로 한 영화라면, 이 시기는 영화의 '전개' 부분일 뿐이었다. 아직 클라이맥스는 오지 않았다.

가슴이 뻥 뚫리는 반전이 있는 액션 영화처럼 나는 한 번의 실패를 맛본 후 이를 갈고 노력해서 더 큰 성공을 이루어 내고 말 것이라 다짐했다. 처음부터 끝까지 주인공이 아무런 고난과 역경 없이 해피엔딩을 맞이하는 영화는 없다. 세상에 내 영화의 멋진 결말을 선보일 수 있도록 더 굳건해진 마음을 다지며 마음속으로 이렇게 외쳤다.

'다들 나의 엔딩이 어떻게 펼쳐지는지 지켜봐!'

간절한 꿈은
반드시 이루어진다

나는 매일
서울대생과 함께 공부한다

　중3 겨울방학은 고등학교 진도까지 선행해 온 친구들을 따라잡을 마지막 기회였다. 그동안은 공부 잘하는 친구들의 방식을 그대로 따라 하는 데 머물렀다면 이제는 한 걸음 더 나아가야 했다.

　현재의 공부법에서 어떤 부분을 보완해야 할지 찾아서 한 단계 더 도약하기 위해 우선 인터넷 검색을 바탕으로 각종 공부 관련 정보를 수집했다. 수험생 커뮤니티 '수만휘(수능날 만점 시험지를 휘날리자)' 카페에 게시된 예비 고1 공부법 칼럼을 모조리 정독하고, SKY에 합격한 선배들의 입시 수기를 모두 찾아 읽으며 고등학교 3년간의 장기적인 공부 방향을 잡았다. 각자가 공부한 방식은 조금씩 달랐지만 '개념을 다진 후 기출문제를 풀어야 한다', '매일 여러 과목의 문제를 골고루 풀며 감을 잃지 않아야 한다'와 같이 일관되게 통하는 공부 맥락이 있었다. 이를 모아 노트에 빼곡히 정리했다.

독학하는 내게 인터넷은 수험 생활에 필요한 다양한 정보를 얻는 거대한 보물고였다. 나는 책상에 앉아 서울대생과 과학고생, 강남 자사고 전교 1등의 구체적인 공부법을 배울 수 있었다. 그러나 방대한 공부법들을 모두 따라 할 수는 없었기에 이러한 모든 자료를 종합하여 나만의 공부 플랜을 만들고자 차근차근 정리해 나갔다.

인터넷에서 각종 공부법과 수험 정보를 수집하는 습관이 내게 준 가장 큰 선물은 공부에 최선을 다해 성공한 사람들이 얼마나, 어떻게 공부했으며 어떠한 마음가짐으로 공부했는지를 구체적으로 들여다볼 수 있었다는 점이다. 공부에 임하는 나의 마음가짐과 시야가 확 트이는 계기였다. 이제 나의 경쟁 상대는 학교 친구들이 아니라 전국의 어딘가에서 하루하루 묵묵하게, 치열하게 공부하고 있을 이름 모를 최상위권 학생들이었다.

이제 더 높은 목표를 향해 달리기 시작했다. 매일 온전히 공부에만 쏟는 시간이 5시간에서 6시간, 7시간으로 점점 늘어났다. '이렇게 공부하는 게 맞을까?', '학원에서 공부하는 친구들은 지금 어떻게 공부하고 있을까?'를 걱정하지 않고 혼자만의 공부 시간에 오롯이 몰입하는 순간이었다.

또한 합격 수기에서 명문대 합격생들이 추천한 다양한 책을 읽으며 공부의 깊이를 더해갔다. 교과서에서 국어 지문으로 나오는 문학 작품부터 배경지식을 채워주는 여러 책을 읽으며 교과 지식도 확장하고 세상을 보는 시야까지 넓힐 수 있었다. 이 과정은 나의 진로를 다시 한번 진지하게 고민해 보는 기회가 되었다.

그러다 각종 신문 기사를 통해 우리 사회의 환경 문제에 관심을 가지게 되었다. 자연을 사랑하고 생명과학 분야를 좋아하는 나에게 환경 생태 분야를 연구하는 직종이 적성에 잘 맞으리라고 생각했다. 그리하여 그동안의 장래희망이었던 물리학 연구원에서 생태학 연구원으로 진로를 바꾸게 되었다.

도저히 깨지지 않을 것 같던 벽을 부수다

나만의 공부법을 터득하고 진로를 고민한 방학 기간을 지나 드디어 고등학생이 되었다. 방학 동안 혼자 고등학교 1학년 과목을 미리 살펴보며 공부해 둔 덕분에 학교 수업을 따라가기가 한결 수월했다. 하지만 대부분의 학생에게 이 정도 선행은 기본인 수준이었다. 심지어 외고나 자사고를 준비했던 친구들 중에는 2학년 때 배울 내용까지 미리 훑고 온 경우도 있었다. 이들 사이에서 변별력을 갖고 앞서 나가려면 나만의 돌파구가 필요했다.

모두에게 선행이 기본 조건이라면 이제 승부는 '누가 내신 시험을 가장 치밀하게 준비하는가'에 달려 있었다. 매일 학교 수업을 마친 후, 도서관으로 가서 다시 교과서와 자습서를 살펴보며 그날 배운 내용을 복습하는 시간을 가졌다. 수업 내용 중 선생님께서 특히 강조하셨던 개념은 따로 표시해 두어 시험공부 때 놓치지 않도록 했다. 또 대부분의 학생이 시험 대비를 3주 정도 전부터 시작한다면 나는 한 달 전부터 차근차근 공부하기 시작했다. 그렇게 교과서가 너덜너덜해질 만큼 반복해서 읽고 외우며 치열하게 공부했다.

과목마다 문제집을 적게는 2권에서 많게는 4권을 풀고 또 풀었다. 학교 홈페이지에 올라와 있는 3년치 시험 기출문제를 모두 풀었으며, 틀린 문제는 오답 정리를 꼼꼼히 해두고 시험 직전까지 머릿속에 완벽히 새겨지도록 계속 복습했다. 소위 '피 터지게' 공부에만 몰두했다.

공부에 온전히 시간을 쏟으며 묵묵히 공부한 결과, 고등학교 진학 후 치른 첫 중간고사에서 '전교 4등'이라는 놀라운 등수를 받아 들 수 있었다. 선행뿐 아니라 내신 공부를 빈틈없이 한 나의 전략이 통했음을 확신할 수 있는 순간이었다. 그동안 전교 8등이 최고 성적이었던 나는 기대보다 높은 성적에 날아갈 듯 기쁘고 심장이 짜릿했다. 혼자 이뤄낸 성과에 뿌듯했고 공부에도 더 자신감이 붙었다.

학교에서 다섯 손가락 안에 드는 성적을 받고 나니, 스스로 느끼는 성취감 외에도 많은 변화가 생겼다. 우선 나를 둘러싼 주변의 시선이 달라졌다. 반에서 그저 조용한 학생이었던 내가 고등학교 첫 시험에서 전교 4등, 반 1등의 성적을 받으니 친구들이 나를 똑똑하고 진중한 친구라고 생각해 주었다. 나를 동경하는 친구도 있었다. 내가 의견을 내면 더 신뢰하는 분위기가 조성되었다. 나를 믿고 응원해 주는 친구들이 있으니 더 자신감을 얻을 수 있었다.

이러한 주변의 기대와 관심에 부응하고자 더 열심히 공부했다. 이전에는 그저 높은 등수를 받기 위해 공부했다면, 이제는 친구들에게 실망감을 안기지 않고 현재 나의 입지를 지키기 위해 공부에 더 최선을 다했다. 가끔은 주변의 관심과 응원이 부담으로 느껴지기도 했지만, 동시에 이는 공부를 더 열심히 하게 되는 원동력이 되었다.

부모님 또한 고등학교 첫 시험에서 높은 성적을 받아 온 나를 힘껏 응원하고 많이 기뻐하셨고, 나는 자랑스러운 딸

로서 보람을 느낄 수 있었다. 힘들게 번 돈으로 생활비를 지원해 주시는 부모님에게 기쁨을 드리는 딸이 되고자 더 열심히 공부하자고 스스로를 채찍질했다.

이전에는 내 꿈을 위해, 가난에서 벗어나기 위해 공부했다면 이제는 여기에 친구들의 기대에 부응하고 부모님을 기쁘게 하고 싶다는 책임감이 더해졌다. 그러자 내 공부는 더 강력한 동기로 굴러가게 되었다. 공부로 맛본 성공 경험이 가져온 큰 변화이자 성과였다.

모두가 혀를 내두를 만큼 공부에 미치다

공부에 자신감이 붙은 나는 '전교 4등보다 더 높은 전교 1등도 해볼 만하지 않을까?' 하는 생각이 들었다. 지금보다 더 많은 시간을 더 효과적으로 공부한다면, 전교 1등도 충분히 노려볼 만한 목표처럼 느껴졌다. 나보다 앞선 단 세 명의 친구보다 공부에 더 많은 노력과 시간을 쏟으면 이길 수 있는 단순한 게임이라고 생각했다.

이 게임에서 이기기 위한 첫 단계로 우리 반에서 최고로 공부를 열심히 하는 사람이 되기로 결심했다. 아무나 붙잡고 우리 반에서 공부를 가장 열심히 하는 학생이 누구냐고 물었을 때 곧바로 내가 떠오르도록, 정말 독하게 공부한다며 모든 선생님이 혀를 내두를 정도로 공부에 모든 것을 쏟아보자고 마음먹었다.

내가 세운 행동 요령 첫 번째는 '수업 시간에 절대 졸지 않기'였다. 학교생활을 하다 보면 자신도 모르게 잠이 솔솔 오는 순간이 있다. 비몽사몽한 아침에 듣는 1교시 수업과 점심 먹은 직후의 5교시 수업이 그렇다. 이때 정신을 바짝 차리고 수업에 집중하는 게 나의 목표였다. 졸음을 쫓아내는 데 정신력만으로는 한계가 있었기에 나의 비장의 무기를 꺼내 들었다. 바로 분무기였다. 매일 아침 학교 정수기에서 찬물을 가득 담아 놓고, 수업 시간에 잠이 오려 할 때면 가차 없이 얼굴에 찬물을 뿌려댔다. 그러면 마치 세수를 한 것처럼 정신이 순간 확 깼다.

어느 날은 1교시 수업이 조금 일찍 끝나 반 친구들이 하나둘 책상에 엎드려 잠을 청했다. 그때 나는 교실 뒤쪽에 있는 스탠딩 책상으로 조용히 나가 문제집을 펼쳤다. 그렇지만 노곤노곤한 공기에 서 있는 나조차도 꾸벅꾸벅 졸음이 밀려와 결국 얼굴에 찬물을 칙칙 뿌렸다. 이 모습을 본 선생님은 깜짝 놀라시며 조용히 박수를 쳐주셨는데, 선생님께 인정받았다는 생각에 뿌듯했다.

행동 요령 두 번째는 '최악의 상황에서도 공부하기'였다. 우리 반에서는 쉬는 시간마다 친구들이 학급 컴퓨터로 아이돌 뮤직비디오를 크게 틀어놓고 노래를 따라 부르곤 했다. 쉬는 시간에도 조용히 공부하고 싶은 내게는 최악의 상황이었다. 시끄럽게 떠드는 소리와 음악 소리가 한데 섞인 환경에서 공부하기란 쉽지 않다. 나는 쉬는 시간마다 귀에 이어플러그를 꽂고 자리에 앉아 공부하면서 집중력을 시험하는 계기로 삼았다. 도저히 이어플러그로도 막을 수 없는 소음이 들려올 때면 화장실로 가서 공부했고, 시간이 좀 더 여유 있을 때는 교실 위층에 있는 도서관으로 가 공부에 집중했다.

이렇게 주변 환경에도 흔들리지 않고 꾸준히 공부하니

친구들과 선생님들 모두 혀를 내둘렀다. 한 선생님이 우리 반에서 가장 열심히 공부하는 학생이 누구냐고 물었을 때 모두가 망설임 없이 나를 가리켰다. 전교 1등으로 향하는 첫 목표를 이룬 순간이었다. 공부에 자신감을 얻은 나는 더 높은 곳으로 오르는 도전을 지치지 않고 계속하게 되었다.

하루하루가 모여 습관을 만든다

우리 반에서 가장 열심히 하는 게 1차 목표였다면, 그다음 목표는 우리 학교에서 가장 열심히 하는 학생이 되는 것이었다. 다른 반, 다른 학년 학생들이 공부하는 모습을 볼 수 있는 장소는 학교 자습실이라는 생각에 고1 말부터 야간 자율 학습을 신청했다. 공부를 열심히 하는 학생들이 모두 모여 있는 그곳에서 공부하면 의지가 더 불타오를 것 같았기 때문이었다.

그때부터 나는 자습실의 NPC Non-Player Character가 되기로 결심했다. NPC란 게임에서 플레이어가 직접 조작하지 않는 캐릭터로, 퀘스트 제공이나 스토리 진행 등의 역할을 맡는다. 언제나 지정된 장소에 지박령처럼 있는 게 NPC의 특징이다. 나는 NPC처럼 자습실에 가면 항상 볼 수 있는 학생이고자 했다.

아무도 없는 자습실에 일찍 가서 공부를 시작해 가장 마지막으로 나왔다. 석식을 재빨리 먹고 자습실로 가 야자 시간이 끝날 때까지 두문불출하며 공부만 했다. 자습실 맨 앞줄의 가장 왼쪽은 나의 지정석이었다. 야자를 하러 온 학생들은 눈이 오나 비가 오나 늘 그 자리에 앉은 나를 볼 수 있었다. 매일 밤 야자 감독 선생님과 함께 학교를 빠져나와 자전거를 타고 서둘러 집에 갔다. 집에서 간단히 간식을 먹은 뒤 또 공부하다가 잠드는 게 나의 일상이었다. 그렇게 고등학교 생활 내내 공부는 내 삶이 되었다.

내가 지치지 않고 묵묵히 공부를 계속할 수 있었던 건 이런 하루하루가 모여 습관이 되었기 때문이다. 매일 숨 쉴 틈 없이 공부로만 채워지는 빡빡한 여정이 버겁고 힘들게 느껴지던 순간이 내게도 있었다. 하지만 무너지기에는 그동안 쌓아온 노력이 아까워 '며칠만 더, 조금만 더…' 하는 심정으로 인내하고 마음을 다잡았다. 그런 날이 일주일이 되고 한 달이 되고 또 두 달이 되니 어느 순간부터는 머릿속에 힘들다는 생각이 거의 떠오르지 않았다. 매일 공부로 꽉 채운 하루가 나의 당연한 일상이 된 것이다.

가장 먼저 자습실에 도착해서 아무도 없는 빈자리를 볼 때의 안도감, 다른 친구들이 모두 떠난 뒤 마지막으로 자습실 불을 끄고 나올 때의 뿌듯함은 매일 나의 원동력이 되었다. 밤이 되어 침대에 누우면 기분 좋은 피로감은 물론이고 오늘 하루도 최선을 다해 알차게 보냈다는 뿌듯함과 '나는 잘하고 있다'는 자신감을 느꼈다. 비록 온종일 공부에 체력을 쏟느라 몸은 피로했어도 마음만은 기쁘게 잠드는 하루하루였다. 이러한 경험이 다음 날 나를 다시 책상 앞에 앉히고, 매일 공부하게 했다.

매일 밤 잠에 들 때, 열심히 살아낸 오늘에 대한 후회 없는 감정을 여러분도 느껴보았으면 한다. '조금 덜 놀고 문제집 풀걸…', '핸드폰 볼 시간에 인터넷 강의 들을걸…'과 같은 자책이나 후회 없이 온전히 공부에 쏟는 하루하루가 이어지면 공부에 더 큰 동력을 얻게 된다. 만약 밤마다 좀 더 공부에 최선을 다하지 못한 자신의 모습을 후회하며 잠든다면 악순환의 고리를 끊어내자. 목표를 분명히 세우고 매일 조금씩 수행해 나가자. 작은 변화부터 이루어나가며 느낄 쾌감이 여러분을 계속 공부하게 할 것이다. 최선을 다한 하루하루가 모여 한 달, 두 달, 일 년 그리고 평생의 삶이 된다.

꿈은
또 다른 꿈을 낳는다

만년 중위권이었던 내가 주변 친구들의 공부법을 따라 해서 전교 8등까지, 인터넷에서 수많은 합격 수기와 정보를 흡수하여 전교 4등까지 이뤄냈다. 그동안 더 할 수 없을 만큼 죽을힘을 다해 공부에만 모든 힘을 쏟아온 나는 앞으로의 공부 여정을 두고 고민에 빠졌다.

'여기서 전교 1등으로 또 한 번 도약하려면 어떤 노력이 더 필요할까?'

이에 대해 오랜 시간 깊이 고민한 끝에 내가 내린 해답은 다음과 같다.

'그동안 쌓아온 공부 방식을 나만의 공부법으로 완벽하게 심화·발전시키자. 그리고 우리 학교 학생 중에서 가장 많은 공부량을 소화하자.'

실력을 높이기 위해선 공부에 절대적인 시간을 투입해야 한다는 점은 그동안의 공부 과정으로 깨달은 사실이었다. 이제는 여기서 더 나아가 우리 학교의 내신 시험에 통하는 나만의 공부 방식을 터득해 능률을 더 높여야 했다.

우선 나는 우리 학교의 과목별 내신 시험지를 분석하며 각 시험 스타일을 파악했다. 그리고 이전 시험에서 내가 틀렸던 문제를 꼼꼼히 살펴보며 오답의 이유를 철저히 분석하고, 다음 시험에서는 비슷한 문제를 만났을 때 실점하지 않도록 대비책을 궁리했다. 오답을 분석해 보니 수능 기초 개념이 부족했다거나 교과서 내용의 세부 암기가 부족했다는 등 과목마다 보완할 점을 찾을 수 있었다. 과목마다 앞으로 공부로 채워야 할 부분을 고민하며 나만의 새로운 공부법을 개발해 나갔다.

나만의 공부법을 정립해 나감과 동시에 공부에 투입하는 시간을 획기적으로 늘렸다. 바로 자투리 시간을 100% 활용하면서다. 점심시간에 급식실을 갈 때도 영어 노트를 챙겨 가서 식사하며 본문을 한 문장이라도 더 읽었다. 수업 시간에 조금이라도 자유 시간이 생기면 문제집을 꺼내 풀었고, 야간 자율 학습이 끝난 뒤 집에 돌아와서도 자기 직전까지 수학 문제를 풀거나 영단어를 외우며 하루를 공부로 마무리했다. 그야말로 눈이 떠져 있는 시간 중 씻거나 학교 수업을 듣는 때를 제외한 모든 시간에 자습을 한 셈이다.

그렇게 자투리 시간까지 모두 활용하니 순수하게 공부에 쏟는 시간만 10시간 이상을 기록했다. 이렇게 몇 달을 보낸 뒤 고1 2학기 기말고사에서 마침내 내가 그토록 바랐던 일이 일어났다. 바로 '전교 1등'을 차지한 것이다.

전교 석차에 '1'이라는 숫자가 적힌 성적표를 받았을 때의 쾌감은 이루 말로 표현할 수 없다. '결국 네가 이루어낼 줄 알았어' 하며 나의 노력을 인정하고 칭찬해 주는 담임선생님과 친구들의 축하에 얼떨떨하면서도 기뻤다. 조회 시간 단상에 나가 최우수 성적 상을 받는 나를 전교생이 방송으로 바라볼 때의 두근거림, 부모님이 지인들에게 나에 대한 자랑을 늘어놓을 때의 쑥스러움…. 온전히 자신의 힘으로 성취해 보지 않고서는 절대 느낄 수 없는 이 모든 감정이, 최선을 다해 전교 1등이라는 목표를 달성한 나에게 찾아온 값진 보상이었다.

무엇보다 전교 1등이라는 성과는 그동안 내가 혼자 터득하고 쌓아온 공부법이 정확하고 올바른 방향을 향하고 있었음을 확인할 수 있는 증거였다. 그동안은 공부 잘하는 방법을 어렴풋이 짐작하며 실험하듯 수행해 왔다. 그러나 이제는 확실히 터득했으니 내 실력을 더 견고히 할 수 있겠다는 확신이 들었다. 앞으로 고3까지도 쭉 이렇게 지치지 않고 나만의 공부 방식대로 전진해 나간다면, 그동안 내가 감히 꿈꿔보지 못했던 '서울대학교 입학'도 충분히 이룰 수 있는 목표라고 생각했다. 그렇게 나는 목표를 높여가며 도전을 계속했다.

노력은 반드시
결과로 보답한다

고등학교 1학년 말, 문·이과를 선택하는 시간이 찾아왔다. 생태학 연구원이 장래 목표였던 나는 계열에 맞춰 이과를 선택했다. 이과에는 줄곧 수학과 과학에서 1등급을 안정적으로 받는 친구들이 몰렸다. 특출난 재능으로 전 과목에서 늘 만점에 가까운 점수를 받는 학생도 있었다. 그만큼 내신 1등급을 받기가 더 어려워진 상황이었다. 그러자 공부에 자신감이 떨어졌다. 실제로 2학년 1학기에는 수학과 생명과학에서 2등급을 받아 내신 점수가 하락했다.

학년이 올라갈수록 공부량은 늘어나는데 성적은 더 떨어지니 잠시 슬럼프가 찾아오기도 했다. 그러나 가진 건 노력이 전부인 평범한 내가 뛰어난 재능을 지닌 친구들의 수학·

과학 실력을 뛰어넘기 위해서는 몇 배로 더 많은 시간을 투자해야 함을 깨달았다. 그래서 수많은 문제를 풀어보며 사고력을 심화하고 진짜 실력을 쌓고자 분투했다.

수학은 개념서부터 유형서, 심화 문제집, 기출문제집, 사설 문제집까지 싹 다 풀기 시작했다. 쉬운 문제부터 초고난도 문제까지 모두 섭렵하기 위함이었다. 특히 심화 문제집이나 기출문제의 킬러 문제를 계속 반복해서 풀어보며 내 사고력의 한계까지 부딪혀 보았다. 전혀 답이 떠오르지 않을 때도 금방 포기하지 않고 굳은 마음가짐으로 꿋꿋이 공부해 나갔다.

'내가 지금까지 배운 개념 속에 답이 있다. 교과과정을 벗어난 개념은 문제에 절대 등장하지 않는다. 지금껏 배운 개념들을 유기적으로 연결하면 문제 해결의 열쇠가 보인다.'

정말 안 풀리는 문제는 30분 이상 머리를 싸매고 고민하기도 했다. 이렇게 나를 극한까지 몰아가는 과정에서 수학적 사고력이 점차 향상되었다. 과학도 마찬가지였다. 처음에는 화학의 '양적 관계'나 생명과학의 '유전' 개념과 관련된 고난도 문제는 손도 대기 어려웠다. 그러나 수많은 문제를 접하며 개념이 문제에 응용되는 방식을 나만의 알고리즘으로 정립하고 거기서 문제의 실마리를 찾기 위해 고뇌했다. 그러니 과학 실력도 차츰차츰 늘기 시작했다.

이처럼 집요하게 공부한 결과 고등학교 3학년 1학기에는 수학과 과학 모두 1등급을 받을 수 있었다. 이때는 한 과목 빼고 모두 1등급을 받았다. 특히 뿌듯한 점은 화학Ⅱ 과목에서 최우수 성적으로 교과 우수상까지 받게 되었다는 점이다. 한때는 과학 때문에 골머리를 앓았지만 고등학교 내신 마지막에 전교 3등 안에 드는 성적을 거머쥐니 가슴이 아리고 코끝이 시큰해져 왔다. 아무리 거대한 장애물이 있어도 포기하지 않고 도전하면 장애물을 넘을 수 있음을 몸소 느꼈다. 재능이 뛰어나지 않아도 올바른 공부법과 불굴의 의지, 이 두 가지를 가지고 끝없이 정진하면 결국 해낼 수 있음을 깨달았다.

나는 전 과목 내신 1.27등급, 주요 과목 내신 1.21등급으로 고등학교 내신을 마무리했다. 고2 때 담임선생님께서 '내신

이 1.3등급 안에 들면 서울대학교에 합격할 가능성이 있다'
고 말씀하신 적이 있는데, 그 성적을 충족한 것이었다. 가슴
을 쓸어내렸다. 내신 경쟁이 피 터지는 우리 학교에서 이 정
도 성적을 받은 건 스스로 칭찬할 만한 일이었다.

학생부종합전형으로 대학에 지원하고자 한 나는 비교과
활동도 성실히 준비했다. 진로진학부 선생님은 나의 생활
기록부를 보고 '5년 동안의 우리 학교 재학생 중 가장 스펙
이 좋다'고 말씀하실 정도였다. 이렇게 길고 길었던 내신과
비교과 활동에 마침표를 찍고, 지난한 입시의 끝에 서울대,
연세대, 고려대, 포스텍에 최종 합격했다.

내가 이토록 치열하게
공부에 매달린 이유

'소린 님은 왜 그렇게 치열하게 공부했나요?'

유튜브 채널이나 수험생 커뮤니티를 통해 자주 받는 질

문이다. 학창 시절을 돌이켜보면, 단일한 이유보다는 여러 복합적인 이유들로 공부에 온 열정을 쏟았던 것 같다. 내가 공부에 죽을힘을 다한 이유이자 여러분도 꼭 명심하길 바라는 다섯 가지 원칙을 소개한다.

첫째, 간절함은 공부의 동력이 된다. 인간이 특정한 행동을 하는 이유는 두 가지다. 원하는 것을 얻거나 원치 않는 것을 피하기 위해서. 나는 '공부를 잘해서 성공해야지!' 하는 생각보다는 '제발 이 진절머리 나는 가난에서 벗어나자'라는 생각을 항상 했다. 가난의 지독한 실체를 아는 나로서는 어떤 방법과 수단을 동원해서라도 이 가난의 구렁텅이에서 벗어나고 싶었다.

당시 학생 신분이었던 내가 경제적 어려움에서 벗어날 수 있는 가장 합리적인 방법은 공부를 열심히 해서 명문대에 진학하는 것이었다. 언젠가 '상위권 대학에 다닐수록 성인이 되어 평균적으로 얻게 되는 소득이 증가한다'는 통계를 보았다. 취업할 때도 상위권 대학 출신일수록 대기업 합격 확률이 높아지며, 대학교수 임용 때도 출신 대학이 영향을 미치는 경우가 많다고 한다. 내가 어떤 미래를 꿈꾸든 가난에서 벗어나려면 우선 좋은 대학에 진학해야 했다. 그리하여 명문대 진학을 목표로 안간힘을 다해 공부에 매달렸던 것이다.

둘째, 꿈에 대한 확신이 우리를 전진하게 한다. 중학교 3학년 때는 물리학 연구원이라는 꿈을 가졌지만, 고등학교 1학년에 올라가면서 생태학 연구원이라는 새로운 꿈을 품었다. 그리고 고등학교 3년 동안 진로를 점점 구체화해 나가며 나의 꿈에 점차 확신을 가졌다. 전 세계적인 환경 문제를 해결하는 데 기여하는 연구원이 되고 싶다는 꿈. 나는 학자의 길을 걷고 싶었기에, 학문적으로 인정받는 대학교에 진학하는 것을 내 꿈의 출발점으로 정했다. 그렇게 우리나라 최고의 명문대로 손꼽히는 서울대학교를 목표 대학으로 잡았다.

처음에는 절대 이룰 수 없을 목표처럼 느껴졌지만, 꿈은 공부에 지칠 때마다 다시 나를 잡아주는 강력한 동기가 되었다. 명확한 목표는 공부를 계속해 나가는 데 가장 강력한 동기부여가 된다. 배움은 각자의 미래를 계획하고 개척해 나가는 도구이기 때문이다. 꿈이 있다면 누가 굳이 시키지 않아도 자발적으로 공부하게 된다.

셋째, 소중한 사람들은 다시 일어설 힘이 된다. 나는 우리 가족에 대한 고마움과 미안함 때문에 더 열심히 공부했다. 누군가는 '집안의 경제 사정이 그렇게 안 좋으면 부모님을 원망하게 되지 않을까?' 하고 생각할 수도 있다. 그러나 나는 우리 집 형편이 부모님의 잘못이라기보다는 통제할 수 없는 불가항력적 이유 때문이라고 생각했다. 인생이란 이따금씩 자신의 의도와는 상관없이 흘러가니 말이다.

부모님은 늘 가난에서 벗어나고자 밤낮없이 일하시며 애쓰셨기에 나는 원망하는 마음보다는 오히려 감사한 마음이 컸다. 그리고 나를 위해 뒷바라지해 주시는 부모님을 생각하며 더욱 공부 의지를 불태웠다. 기필코 전교 1등을 해서 부모님을 웃게 해드려야겠다고, 부모님이 주변 사람들에게 자랑스럽게 이야기할 수 있는 딸이 되어야겠다고 다짐했다.

넷째, 성취감을 맛본 순간 공부가 재미있어진다. 공부를 잘하면 얻게 되는 사회적 인정 또한 공부의 원동력이 된다. 중위권에서 시작해 전교 8등, 4등, 1등까지 점점 더 높은 목표를 달성할 때마다 친구들과 선생님들로부터 나는 '공부 잘하는 아이'라고 각인되었고 많은 친구에게 선망의 대상이 되었다. 이러한 사회적 인정이 내게 큰 성취감과 만족감으로 다가왔다. 그리고 공부로 더 높은 목표를 이뤄나가는 여정에 즐거움을 느끼며 계속 도전할 수 있었다. 이렇듯 성취감은 공부 자체가 재미있어지도록 돕는다.

다섯째, 내가 선택한 길은 끝까지 책임져야 한다. 프랑스의 실존주의 철학자인 장 폴 사르트르^{Jean Paul Sartre}는 그의 저서『존재와 무』에서 다음의 말을 남겼다.

'L'homme est condamné à être libre.'

인간은 자유롭도록 선고받았다.

'자유'는 좋은 것인데, 왜 하필 '선고받았다'라고 표현한 것일까? 그는 인간의 본성은 본래 없는 것이며 인간은 스스로 원하고 구상하는 대로 살게 된다고 보았다. 즉 인간은 자신의 삶을 주체적으로 이끌어가며 삶의 방식을 각자 선택해야 한다는 것이다. 다만 그 선택에는 반드시 책임이 따르며 선택의 결과는 스스로 감당해야 한다. 그렇기에 자유가 단순히 좋은 것이라고는 할 수 없다. 우리는 선택의 연속인

인생에서 가장 현명한 판단을 매 순간마다 고민해야 한다. 나는 수험생 시절에 이런 마음가짐으로 매일 공부했다.

'인생의 수많은 길에서 나는 스스로 공부라는 길을 택했다. 이왕 선택한 길이라면 최선을 다해 공부로 끝장을 보자. 먼 훗날 후회하지 않도록.'

내가 직접 선택한 길인데 최선을 다하지 않고 불성실하게 임한다면, 현재에는 편할지 몰라도 미래에는 반드시 후회할 것임을 알았다. 이렇듯 나의 선택에 스스로 책임져야 한다는 생각이 내가 공부에 최선을 다하는 본질적인 이유가 되었다.

인생은 내가 살아오면서 선택한 결과들의 총합이다. 내가 하는 모든 선택에 책임지고자 노력한다면 마음을 잡기가 수월해진다.

입시는 더 간절한
사람의 손을 들어준다

미국의 미식축구 감독 배리 스위처Barry Switzer는 이런 말을 남겼다.

"어떤 사람들은 3루에서 태어났지만 자신이 3루타를 쳤다고 생각하면서 인생을 산다."

이 말을 접한 순간 머리가 띵했다. 너무나 공감되었기 때문이다. 치열한 입시 판에서 살아남기 위해 고군분투하면서 입시가 절대 평등하지 않음을 깨달았다. 학생들은 각자 출발선이 다르다. 2021년 한국조세재정연구원이 발간한 연구보고서에 따르면, 소득 최하위 계층의 경우 타고난 잠재력과 노력에도 기회 불평등 때문에 최상위권 대학 진학에 실패할 확률이 최소 70%에 이른다고 한다.[*] 충격적인 수치

---

[*] 주병기, 「대학입학 성과에 나타난 교육 기회불평등과 대입 전형에 대한 연구」, 한국조세 재정연구원, 2021.

다. 여기서 끝이 아니다. 서울시교육청 교육정책연구소의 안영은 연구위원은 2016년 서울 지역 소득하위 25% 가구에서 학업성취도 상위 25%에 해당하는 고등학생이 100명 중 겨우 3명에 그친다는 사실을 밝혀냈다.[*] 이른바 '개천에서 용 난다'는 말은 이미 옛말이 되어버린 것이다.

나는 실제로 주변 친구들을 보며 가정환경의 중요성을 뼈저리게 느꼈다. 중학생 때 친했던 전교 2등 친구는 어릴 때 해외 유학을 다녀오고 이후에도 계속 어학원을 다녀서 프리토킹이 가능할 만큼 영어가 유창했다. 친구는 외고에 진학하기를 희망했는데, 대치동에서 최상위권 학생들을 대상으로 수업하는 전문 선생님에게 일대일 과외를 받으며 입시를 준비했다. 구체적인 액수를 말해주지는 않았지만 정말 비싼 돈을 주고 과외를 받는다고 했다. 그렇게 비밀리에 집중 관리를 몇 달 받더니 유명 외고에 합격했다.

그 친구를 보면서 여러 감정이 스쳤다. 그 친구가 똑똑한 건 맞았다. 그런데 집에서 전폭적으로 지지해 주니 날개를

---

[*] 안영은, 「서울지역 고등학생의 기초자치구별 학업탄력성 양상 및 특성 분석」, 서울시교육청교육연구정보원 교육정책연구소, 2020.

단 듯 훨훨 날아갔다. 나는 중학생 때 아무리 열심히 공부해도 꼭 서술형에서 한두 문제는 틀렸다. 그런데 그 친구는 시험이 쉽든 어렵든 항상 백점을 받았다. 이것은 타고난 머리와 노력뿐만 아니라 갖고 있는 정보의 질적 차이가 만든 결과였다.

우리 학교 내신 시험을 오랫동안 분석해 온 대형 어학원의 도움을 받는지, 최상위권 과외를 수십 년 해온 전문 강사의 디테일한 지도를 받는지의 여부에 따라 그 한 문제를 맞히느냐 맞히지 못하느냐가 결정되는 것이다. 한 문제 차이로 등수가 갈리고 특목고 합불 여부가 나뉜다. 단 한 문제 차이로 대학 간판이 바뀐다. 그 한 문제 때문에 수많은 부모님이 자녀에게 거금의 사교육비를 투자한다. 세상은 공부가 제일 공정하다고 하지만 실상 그렇지만은 않다.

그렇다면 돈만 많으면 끝일까? 그렇지 않다. 학업 성취에 영향을 미치는 요인에는 가정의 경제자본뿐만 아니라 사회자본과 문화자본도 있다. 미국의 사회학자 제임스 콜먼^{James Samuel Coleman}의 정의에 따르면, 가정 내 사회자본이란 부모와 자녀 사이의 강력한 유대와 신뢰를 의미한다. 이는 대화의 정도나 학습을 지원하는 정도, 학습에 대한 관심 등으로 나타난다. 유복한 가정환경에서 부모에게 따뜻한 사랑과 신뢰를 받으며 자란 아이는 그렇지 않은 아이보다 공부를 잘하기 쉽다.

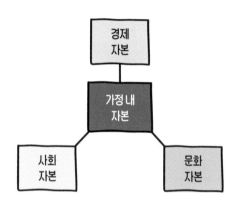

학습 능력에 영향을 미치는 가정 내 자본 3요소

문화자본은 가정에서 자라면서 얻게 된 언어 능력이나 미적 선호, 교양 등을 의미한다. 부모의 학력과 지식수준을 포함하는 개념이다. 부모가 영어에 능숙해서 대화 중에 자연스럽게 영어를 사용한다면 자녀도 어릴 때부터 자연스럽게 영어를 익힐 가능성이 높다. 독서를 중시하는 집안이라면 아이가 유년기부터 책을 자주 접했을 것이다. 이는 독해력 향상에 중요한 요인이다. 이처럼 가정의 사회경제적 배경에 따른 불평등은 여러 차원에 걸쳐 복합적으로 발생한다. 즉 이러한 가정 내 자본이 상대적으로 적은 학생이 이 모든 불평등을 깨고 높은 성적을 받기 위해서는, 일반적인 가정의 학생에 비해 몇 배로 더 노력해야 한다는 뜻이다.

만약 자신이 풍족한 환경에서 자랐다면 감사한 마음을 가지고 겸손하게 공부하길 바란다. 재미없고 지루한 학원에서 몇 시간을 보내느라 힘들었는가? 누군가는 학원을 절실히 다니고 싶어해도 돈이 없어서 다니지 못한다. 학원에 다니면 빚을 못 갚고, 제대로 된 밥을 못 먹고, 가족의 병원비를 내지 못하기 때문이다. 문제집 한 권 사는 것도 손을 벌벌 떨면서 산다. 그런 절박함을 느껴본 적이 없다면 여러분은 정말 복 받은 것이다. 편하게 공부할 수 있음에 감사하라.

혹시 학창 시절의 나처럼 어려운 환경에서 공부하고 있다면 더 악착같이 공부하라. 불평등하고 부조리한 세상에서 살아남기 위해서는 더 독해져야 한다. 아웃라이어^{Outlier}가 되어라. 아웃라이어란 '이상점異常點'으로, 평균치에서 크게 벗어나서 다른 대상들과 확연히 구분되는 표본이다. 수많은 연구를 통해 가정환경이 어려운 학생은 대체로 성적을 잘 받지 못한다는 사실이 밝혀졌다. 하지만 당신은 그 통계가 적용되지 않는 소수의 학생이 되면 된다. 통계로 설명할 수 없는 아웃라이어가 되라는 것이다.

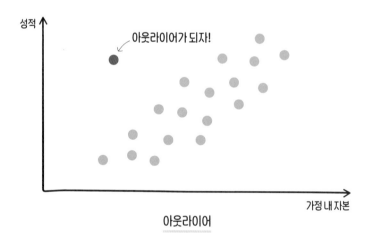

아웃라이어

법칙을 거스르고 흐름에 역행하라. 모두가 안 된다고 말해도 스스로를 믿고 담대하게 나아가라. 힘든 환경 속에서도 공부로 성공할 수 있다고, 온 세상에 여러분 자신을 통해 증명하라. 내가 여러분에게 '할 수 있다'는 용기를 준 것처럼, 여러분도 누군가에게 반드시 닮고 싶은 본보기가 될 수 있다고 믿어 의심치 않는다.

PART
02

무조건
합격으로 통하는
6가지 공부 기술

1

학습의 기술

모든 학습은
3가지 요소로 이루어진다

캐나다의 리더십 전문가이자 작가인 댄 폰테프랙트^{Dan} Pontefract는 그의 저서 『Flat Army』에서 '확장 학습^{Pervasive learning}' 이라는 새로운 학습 전략을 제시했다. 이는 학습의 형태를 공식 학습과 자율 학습, 사회적 학습이라는 3가지 요소로 구분한 이론이다. 교실에서 이루어지는 학습뿐 아니라 개인이 자발적으로 진행하는 학습과 사회적 교류 속에서 이루어지는 학습 또한 중요한 공부의 요소임을 강조하고 있다.

학습의 3요소

　이 이론에서 말하는 3요소 중에서 '공식 학습'이란 우리가 평소 듣는 교실에서의 수업과 온라인 강의 등이다. 특정 주제에 대해 종합적이고 논리적이며 연속적인 지식을 제공하는 학습으로, 정해진 커리큘럼에 따라 체계적으로 진행된다. 이는 학습의 필수 구성 요소로서 절대 빠져서는 안 되는 중요한 과정이다.

　다음으로 '자율 학습'은 스스로 질문하고 답을 찾아가는 과정에서 지식을 체득하는 학습이다. 자율적으로 이루어지는 지식의 습득, 영감의 발견, 실용적인 지식과 감각의 체화 등이 이에 해당한다. 우리는 신문기사를 읽으면서, 독서를 하면서, 유익한 웹사이트에 접속하면서 의미 있는 지식들을 얻게 된다.

마지막으로 '사회적 학습'은 타인과 지식을 교류하는 과정에서 이루어진다. 서로 학습한 주제에 관해 토론하거나 질문하고 답변하는 상황에서 지식에 대한 이해는 한층 깊어진다. 그리고 개인 블로그나 SNS 등 온라인상에서도 지식을 공유하고 자신의 언어로 지식을 재생산한다. 이러한 사회적 학습은 기존의 전통적인 학습 방식에서 벗어난 새로운 형태의 학습 방식이라 할 수 있다.

이러한 학습 이론을 제시한 댄 폰테프랙트는 이 학습의 3요소가 모두 동등한 비율로 이루어질 때 가장 완벽한 것이라 강조했다. 성공한 리더들이 각 학습 요소를 어떤 비율로 활용하고 있는지 조사해 보니 공식 학습, 자율 학습, 사회적 학습에 각각 비슷한 비중으로 시간을 투자하고 있었기 때문이다.

학습 능률이 오르는
5:3:2 법칙

　나는 한국의 입시에 맞추어 이 이론을 변형하고자 한다. 바로 '5:3:2 법칙'이다. 전체 학습의 50%는 공식 학습을 통해, 30%는 자율 학습을 통해, 20%는 사회적 학습을 통해 이루어져야 한다는 것이다. 나의 입시 경험과 서울대생인 친구들의 경험에 비추어볼 때 이 비율로 공부했을 때 가장 능률이 높다고 판단할 수 있었다.

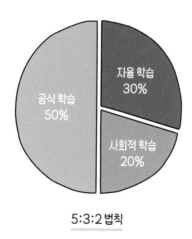

5:3:2 법칙

우선 학습의 기반이 되는 50%는 공식 학습으로 채워야 한다. 학교 수업, 학원 및 과외 수업, 인터넷 강의 등 선생님이 일방향으로 강의를 진행하면 학생이 그 수업 내용을 받아들이는 방식으로, 교과 내용에 대한 체계적인 이해를 다진다.

공식 학습은 수업 내용을 수동적으로 듣기만 하는 것이 아니다. 수업 전에 미리 교재를 가볍게 읽어보며 예습하고 수업 시간에는 집중해서 선생님의 말을 한마디도 놓치지 않아야 한다. 수업 내용 중에 잘 이해되지 않는 내용은 따로 표시해 두었다가 수업 직후 선생님에게 질문하여 개념을 정확히 이해한다. 인터넷 강의를 듣는 경우 실시간으로 질문할 수 없으므로 Q&A 게시판을 적극 활용하여 지식을 익혀야 한다.

학습의 30%는 자율 학습으로 부족한 지식을 스스로 탐구한다. 자율 학습은 공식 학습을 통해 습득한 지식을 정교화하고 구체화하는 과정이다. 누군가가 지식을 전달해 주는 것이 아니라, 본인이 자발적으로 지식을 찾아내고 그것을 이해한다. 공식 학습은 아기에게 이유식을 떠먹여 주는 것이라면 자율 학습은 직접 메뉴를 골라 와그작와그작 씹어 먹는 것이다.

자율 학습의 대표적인 예로 '인터넷 검색'을 들 수 있다. 공부하다가 잘 이해되지 않거나 더 깊이 알고 싶은 내용이 있다면 인터넷에 검색한다. 만약 생명과학I 교과서를 읽다가 '대뇌의 단면은 겉질과 속질이 뚜렷하게 구분된다. 겉질은 주로 신경 세포체가 모인 회색질이고, 속질은 주로 축삭 돌기가 모인 백색질이다'라는 내용을 접했다고 하자. 그렇다면 '어? 신경 세포체가 모이면 왜 회색을 띠고, 축삭 돌기가 모이면 왜 백색을 띠는 걸까?' 하는 호기심이 든다. 이는 내가 스스로 답을 찾을 수 없는 문제이므로 인터넷 검색으로 이유를 알아볼 수 있다.

생명과학을 전공한 블로거가 올려놓은 백색질과 회색질에 대한 해부생리학 스터디 내용을 정독한다. '대뇌 속질이 흰색을 띠는 이유는 미엘린myelin 때문이며, 이것은 축삭 돌기를 싸고 있는 말이집이다'라는 설명을 읽으니 이전에 배운 개념과 정확히 연결이 된다. '아! 전에 축삭 돌기를 싸는 말이집에 대해 배웠지. 그 말이집이 흰색을 띠는 거구나!' 하고 단번에 이해가 된다. 더 나아가 '대뇌 겉질이 회색을 띠는 이유는 민말이집신경섬유와 신경 세포체가 모여 있기 때문이다'라는 설명을 읽으면서, '말이집이 없는 민말이집 신경은 회색이구나' 하고 새로운 지식을 얻는다.

요즘은 인터넷에 친절하게 떠먹여 주는 콘텐츠가 많다. 우리는 그저 어린아이의 태도만 갖추면 된다. 어린아이처럼 새롭게 배우는 내용에 호기심을 가지고 질문을 던져라. 이를 통해 스스로 답을 찾을 수 있으며 더 넓고 깊은 지식도 쌓을 수 있다. 블로그나 지식백과 등 글로 된 콘텐츠 외에도, 유튜브와 같은 영상 콘텐츠를 참고해도 좋다. 특히 과학 실험의 경우 영상으로 한번 보면 텍스트로 설명을 읽을 때보다 몇 배는 더 잘 이해된다.

'주변에 물어볼 사람이 없어요.'

보통 독학하는 친구들이 자주 하는 고민이다. 공부하다가 의문점이 생겨도 학원이나 과외선생님이 없으면 바로 궁금증을 해소하기가 쉽지 않다. 학교 선생님께 질문하는 것도 한두 번이지, 자주 하면 눈치가 보이기도 한다. 이럴 때 인터넷 공간을 적극 활용해 보자. 인터넷 세상에는 흔쾌히 나에게 답해주고자 하는, 심지어 답해주려고 안달 난 멘토가 많다. 특히 '네이버 지식인'에 말이다. 지식인에 질문을 올리면 대부분 금방 답이 달린다. 각 분야에서 엄청난 내공을 쌓은 전문가들이 그곳에 상주해 있다. 등급이 높은 유저들이 건네는 답은 꽤 신뢰할 만하다. 그러니 공부하다 질문이 생기면 그냥 넘기지 말고 꼭 질문하자. 나도 독학을 하면서 수십 개의 질문을 올리고 답변을 받았다.

the 최상급 of 명사 목록에서 제외	영어문법
국내의 생태 정책 시스템을 바꿀 수 있는... 목록에서 제외	생물학, 생명공학
문맥에 따른 접속사 선택 문제 질문입니다. 목록에서 제외	영어문법
On est quel jour? 대답할 때 목록에서 제외	프랑스어
에텐 분자 구조는 정삼각형? 목록에서 제외	화학, 화학공학
생물1 반사에서 얼굴이 반응기가 되는 반사... 목록에서 제외	생물학, 생명공학
간단한 문장 재귀대명사 사용 질문 목록에서 제외	영어문법
이온결합 시 핵간거리-에너지 그래프에서...	화학, 화학공학　진행중

고등학생 시절 직접 작성한 네이버 지식인 질문 목록

마지막 20%는 사회적 학습으로 지식 간 연결을 견고히 한다. 어떠한 지식에 관해 다른 사람과 자유롭게 이야기를 나누는 과정에서 개념이 명료해지고 머릿속에 확실히 각인된다. '시끄러운 도서관'에 대해 들어본 적이 있는가? 미국 예시바대학교의 도서관에 가면 학생들이 큰 소리를 내며 열정적으로 토론하는 모습을 볼 수 있다. 통상 조용한 공간이어야 하는 도서관에서 왜 이렇게 시끄럽게 토론을 하는 것일까? 바로 유대인의 전통적 학습법인 '하브루타^{Havruta}'를 실천하고 있는 중이기 때문이다. 하브루타란 '친구, 짝'이라는 뜻의 히브리어 '하버^{Haver}'에서 유래된 단어다. 부모나 친구, 선생님과 서로 질문하고 대답하며 토론하는 유대인들의 전통적 교육 방식처럼 파트너와 함께 공부하는 것을 의미한다.

그곳 도서관의 학생들은 가만히 앉아 책을 읽지 않는다. 두 명씩 짝을 지어 큰 소리로 논쟁하고 토론한다. 그들은 소통하며 답을 찾아가는 과정에서 사고를 확장하고 발전시킨다. 실제로 연구 결과에 따르면 하브루타를 실천한 학생들은 창의성과 자기주도학습 능력, 그리고 비판적 사고력이 향상되었다고 한다.[*] 이처럼 상대방과 지식을 교류하며 학습하는 사회적 학습은 공식 학습만큼이나 중요한 학습의 과정이다.

공부한 내용이 알쏭달쏭하고 바로 이해되지 않을 때, 친구에게 질문하며 서로 의견을 나눠보자. 여러분이 이 개념을 어떤 맥락에서 이해했고 어디에서 막혔는지, 어느 부분이 이해가 잘 되지 않는지 구체적으로 설명하라. 그런 다음 친구의 관점에서 대답을 들으면 개념에 대해 더 폭넓게 이해하게 될 것이다. 친구도 잘 모르는 개념이라면, 함께 머리를 맞대고 치열한 고민과 토론의 과정을 거쳐 개념을 점차 깨달을 수 있을 것이다.

이미 이해된 개념이라도 수시로 친구에게 묻고 대답하자. 친구와 서로 질문하고 답변하는 동안 자연스럽게 해당 개념이 머릿속에 각인된다. 혼자 조용히 공부했던 내용은 시험 볼 때 잊히는 경우가 많지만, 희한하게 친구와 퀴즈를 냈던 내용은 또렷이 기억이 난다. 그러니 친구와 열심히 질

---

[*] 이정연, 「하브루타Havruta를 활용한 토론 수업의 효과 연구」, 언어과학연구, 2018.

문과 답변을 주고받자.

　더 나아가서는 온라인으로 익명의 상대와 내가 공부한 주제에 대해 신명나게 토론할 수 있다. 블로그나 수험생 커뮤니티에 공부한 내용을 나만의 언어로 정리해 올리고, 다른 블로거와 댓글로 소통하면서 더 심화된 지식을 체득하는 것이다. 나에게 맞는 참신한 방법으로 사회적 학습을 실천해 보자.

공부가 재미있어지는 퀘스트 공부법

　수많은 학생이 '오늘은 공부해야지!' 하고 굳게 다짐해도 '이것'의 유혹 때문에 그 마음이 갈대처럼 흔들린다. 바로 '게임'이다. 요즘은 PC 게임, 모바일 게임 등 종류도 굉장히 다양해서 수많은 게임이 수험생을 유혹한다. 시간 가는 줄 모르고 게임을 하다가 뒤늦게 정신을 차리고 죄책감을 느껴본 학생도 많을 것이다.

누구나 공부하기는 싫어하지만, 게임에는 그토록 열광한다. 그 이유가 뭘까? 우선 게임에는 사용자가 수행해야 하는 임무인 퀘스트가 있다. 퀘스트를 완수하면 아주 달콤한 보상을 받는다. 내가 중학생 때 즐겨 했던 메이플스토리로 예를 들어보겠다. 500여 마리의 필드 몬스터를 때려잡고 '킹 캐슬 골렘'이라는 보스 몬스터를 무찌르면 '고귀한 이피아의 반지'를 보상으로 준다. 게임 창에 뜨는 반지 그림이 참 화려하고 아름다웠는데, 그 반지를 착용하면 캐릭터의 공격력이 크게 향상했다. 이처럼 매번 퀘스트를 깨서 얻게 되는 보상이 분명하고 확실하기 때문에, 그것을 달성하기 위해 시간 가는 줄 모르고 게임에 몰두하게 된다.

퀘스트를 깨는 과정은 전혀 지루하지 않다. 몬스터를 한 마리 잡을 때마다 퀘스트 창에 잡은 몬스터의 숫자가 곧바로 하나씩 더해진다. 현재 몬스터를 몇 마리 잡았는지, 앞으로 몇 마리를 더 잡아야 하는지가 가시적으로 한눈에 보여 즉각적인 성취감을 맛볼 수 있고 이를 통해서 지치지 않고 고된 퀘스트를 끝까지 깨게 된다. 즉 '임무의 구체성', '보상의 선명성', '임무 수행 과정의 가시성'이 게임을 재미있게

① 학습의 기술

② 계획의 기술

③ 문제 풀이의 기술

④ 암기의 기술

⑤ 시험 돌파의 기술

⑥ 입시 전략의 기술

만드는 요소다. 나는 이 원리를 공부에 적용하면 공부 또한
재미있어질 것이라 생각했다.

퀘스트를 깨면서
학습 속도를 높인다

　나는 게임의 원리를 활용한 공부법을 고안하여 거기에
'퀘스트 공부법'이라는 이름을 붙였다. 퀘스트 공부법은 특
히 내신 시험을 대비할 때 유용한 공부법으로, 과목마다 필
요한 공부를 목록화한 다음 공부 단계를 가시적으로 표시해
각각 퀘스트를 수행하듯 하나씩 처리해 나가는 방법이다.
　우선, 시험을 보기 전까지 살펴볼 학습 자료, 자습서, 문
제집 등을 적는다. 이때 무턱대고 집에 있는 아무 교재들을
모두 풀겠다며 적으면 안 된다. 이전 시험을 토대로 생각해
보았을 때 '이런 자습서, 문제집은 필요하겠다' 하는 확신이
있는 것들만 추려서 목록에 적는다. 퀘스트 공부법은 시험
까지 향하는 공부의 큰 흐름을 살펴보기 위한 방법이니, 플

① 학습의 기술

② 계획의 기술

③ 문제 풀이의 기술

④ 암기의 기술

⑤ 시험 돌파의 기술

⑥ 임시 전략의 기술

래너를 작성할 때처럼 '몇 쪽부터 몇 쪽 풀기' 같이 구체적인 공부량은 적지 않고 '교과서 정독', '학교 기출 3개년'과 같이 교재나 학습 자료의 이름만 간략히 적는다.

과목마다 필요한 교재들의 목록을 모두 적었다면 각 교재들 옆에 그것을 살펴볼 목표 회독 횟수를 동그라미 개수로 표시한다. 예를 들어 '마더텅 ○○○'이라 적으면 『마더텅』교재를 3회독하겠다는 뜻이다. 만약 문제집을 푸는 공부가 아니라 교과서를 정독하는 공부가 필요하다면 '교과서 정독'이라고 적고 그 옆에 정독할 횟수만큼 동그라미를 그려 넣으면 된다.

국어, 영어, 수학, 사회, 과학 등 모든 과목의 공부 계획을 세우고 이를 한 회씩 실행할 때마다 동그라미에 빨간색 볼펜으로 색칠한다. 동그라미를 하나씩 색칠해 나가면 게임의 퀘스트를 깰 때처럼 묘한 성취감과 함께 나머지 동그라미도 얼른 빨갛게 색칠하고 싶은 욕구가 생긴다. 이런 식으로 전체 동그라미를 모두 빨갛게 칠하는 걸 목표로 공부하면 된다.

고등학교 1학년 말부터 퀘스트 공부법을 적용해 공부했는데, 이전에 비해 공부를 훨씬 효율적이고 재미있게 할 수

[2-1 중간고사]

국어 교과서 정독 ●●●●●○

　자습서 ●●○

　평가문제집 ●●●

　기출 3개년 ●●○

영어 교과서 노트화 + 암기 ●●●●●●●●●●●○○○

　EBS 자료 ●●●

　평가문제집 ●

　변형문제 5세트 ●●●○○

수학 미적분 교과서 풀이 ●●●○○

　쎈 ●●○

　마더텅 ●●●

　일품 ●●

　블랙라벨 ●○

　학교 기출 3개년 ●●●

퀘스트 공부법 예시

있었다. 간단하면서도 공부가 즐거워지는 비법이니 여러분
도 꼭 실천해 보기 바란다.

메이플스토리의 '고귀한 이피아의 반지'처럼 공부 퀘스
트에도 매력적인 보상이 걸려 있어야 한다. 내신 기간에 계
획한 공부 퀘스트를 모두 완수했다거나 오늘 하루 공부 계
획을 100% 수행했다면 스스로에게 적절한 보상을 주어라.
그래야 더 공부할 맛이 난다.

나는 고등학생 때 야자가 끝나고 '오늘 하루 어떠한 후회
도 남지 않을 만큼 열심히 공부했다'는 느낌이 들면 집에
가는 길에 햄버거 가게에 들러 감자튀김을 사갔다. 집에서
야식으로 따끈따끈하고 바삭한 감자튀김을 먹으면 그렇게
맛있을 수가 없었다. 그날 하루 힘들게 공부한 노력을 온전
히 보상받는 느낌이어서 매우 행복하고 뿌듯했다. 이처럼
거창한 것이 아니어도 좋으니 여러분도 스스로 공부에 적
절한 보상을 설정하길 권한다. 좋아하는 음식 먹기, 보고 싶
었던 영화 한 편 보기, 달력에 칭찬 스티커 붙이기(유치하지
만 뿌듯함을 준다) 등 다양한 보상을 스스로에게 주면서 공
부의 원동력을 얻을 수 있다.

2

계획의 기술

노력한 만큼 실력으로
연결되는 공부의 법칙

공부 잘하는 방법에 대한 수많은 책과 강의가 존재한다. '개념을 잡는 게 핵심이다', '문제를 많이 푸는 양치기가 중요하다' 등 여기저기서 들리는 말이 많다. 그러나 내가 수험 생활을 하면서 느낀 공부는 하나의 알고리즘으로 요약된다. 지금 하는 공부가 어떤 것이든, 어떤 과목을 공부하든 모든 공부는 하나의 흐름으로 통한다. 올바른 공부의 과정은 다음과 같이 '개념 학습-개념 체화-문제 풀이-오답 정리'라는 4단계로 구성된다. 각 단계를 거쳐야 진정한 학습이 이루어졌다고 할 수 있다.

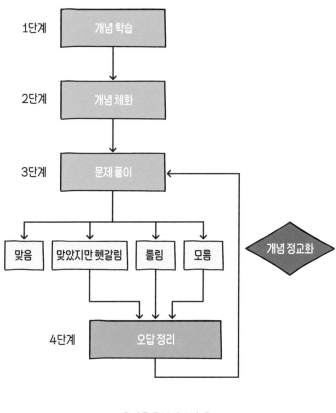

올바른 공부의 4단계

1단계: 개념 학습

다양한 학습 도구를 활용해 기반을 확실히 다진다

모든 공부의 첫 단계는 개념 학습이다. 강의를 듣거나 기본서를 읽으며 개념을 처음 접한다. 한 문장 한 문장 놓치지 않고 집중하여 개념을 이해하고 그 의미를 곱씹어 본다. 개념을 처음 접할 때는 이해가 바로 잘되는 부분도 있고, 그렇지 않은 부분도 있을 것이다. 이는 자연스러운 현상이다. 잘 이해되지 않는 개념은 여러 번 반복해서 읽으며 이해하려고 노력한다.

책에 적힌 내용만으로 개념을 완벽히 이해하기 어렵다면, 인터넷에 해당 개념을 검색해서 이해를 도울 수 있다. 온라인 지식백과나 블로그 글을 통해 여러 예시 상황과 설명을 살펴보면서 개념을 더 쉽게 이해할 수 있다. 글보다 영상이 더 익숙하다면, 관련 개념을 쉽게 설명한 유튜브 영상을 시청하는 것도 도움이 된다. 개념이 제대로 잡혀 있지 않으면 다음 단계로 나아갈 수 없으니, 이해되지 않는 개념은 그냥 넘기지 말고 다양한 부가 자료를 탐색하며 개념을 확실히 학습하자.

2단계: 개념 체화

내용을 완벽히 익혀 '내 언어'로 설명한다

개념 체화는 앞서 이해한 개념을 완전히 '내 것'으로 만드는 작업이다. 학습한 개념을 머릿속으로 다시 떠올려 보면서 이 개념이 발생한 배경과 개념의 정의, 원리, 예시를 생각해 본다. 모든 내용을 스스로가 납득할 수 있어야 한다. 납득되지 않는 내용이 있다면 다시 한번 개념을 익히면서 완전히 이해될 때까지 깊이 공부한다.

중학생 때 나는 수학의 '이항' 개념이 도저히 이해되지 않았다. 이항은 등식의 한 변에 있는 항을 다른 변으로 옮기는 수학적 개념인데, 나는 이때 왜 부호가 바뀌는 것인지 그 논리 과정이 잘 이해되지 않았다. 학교 수업 시간에 여러 번 설명을 들어도 스스로 납득하기 어려웠다. 어느 날에는 이항 개념이 잘못되었음을 증명하려 이상한 풀이법을 들고 선생님을 찾아간 적도 있었다. 당연히 내 풀이법은 잘못된 논리였지만, 그렇게 포기하지 않고 계속 선생님께 질문하고 설명을 다시 들으면서 결국 이항 개념을 완벽히 이해할 수 있었다.

① 학습의 기술

② 계획의 기술

③ 문제 풀이의 기술

④ 읽기의 기술

⑤ 시험 돌파의 기술

⑥ 입시 전략의 기술

어떤 개념이 스스로 수긍되지 않으면 무조건 외우려고 할 것이 아니라 납득될 때까지 고민하고, 따져보고, 의견을 나누며 좌충우돌하라. 스스로 선생님이 되었다고 생각하고 개념을 '내 언어'로 자연스럽게 설명할 수 있어야 개념이 체화되었다고 말할 수 있다.

3단계: 문제 풀이

문제를 풀며 자신의 약점을 파악한다

개념을 익혔다면 이제 본격적으로 문제를 풀어본다. 문제를 풀 때는 모든 선지를 꼼꼼히 읽고 개념과 연결 지으며 답을 선택한다. 문제를 푸는 과정은 단순히 양치기를 위한 것이 아니다. 그동안 공부한 개념이 확실히 머릿속에 정리되어 있는지, 학습이 부족한 부분이나 나의 약점이 무엇인지를 확인하는 과정이다. 문제는 자신에게 쉽게 느껴지는 것부터 어느 정도 고민이 필요한 정도까지 난이도를 높이며 점차 심화해 가는 것이 좋다.

문제를 푼 다음 채점하는 과정도 중요하다. 대부분의 학생은 채점할 때 '맞은 문제'와 '틀린 문제'로 문제를 구분한

① 학습의 기술

② 계획의 기술

③ 문제 풀이의 기술

④ 암기의 기술

⑤ 시험 돌파의 기술

⑥ 입시 전략의 기술

다. 그리고 틀린 문제는 답지를 흘깃 보고는 이제 이해했다며 넘어간다. 단언컨대 이는 최악의 공부법이다. 아무리 많은 문제를 푼다고 하더라도 계속 이러한 방식으로 공부한다면 실력은 절대 오르지 않는다.

채점한 문제를 구분하는 기준을 다시 정해야 한다. 문제 유형은 정답을 맞힌 문제, 맞혔지만 헷갈린 문제, 틀린 문제, 아예 못 푼 문제 등 4가지로 정리하자. 이 중에서 맞힌 문제를 제외한 나머지 세 유형은 '오답 정리' 과정을 거쳐 확실히 마스터해야 한다. 이때 명심할 점은 맞힌 문제 중에서도 찍어서 맞혔거나 마지막까지 고민하다가 운 좋게 맞힌 문제 모두 오답 정리를 해야 한다는 것이다.

4단계: 오답 정리
오답의 이유를 분석하며 개념을 정교화한다

분명히 이전에 공부한 개념인데도 헷갈리거나 잊어버려서 틀린 문제는 다시 개념으로 돌아가 설명을 읽어보며 부족한 점을 보완한다. 그리고 해설지의 풀이를 꼼꼼히 읽으며 오답의 이유를 분석한다. 이때 내가 이 문제를 통해 얻은 새로운 지식과 통찰, 깨달은 점이 무엇인지 생각하고 그 내용을 문제 옆의 여백이나 노트에 필기한다. 필기한 내용은 주기적으로 살펴보며 복습한다. 수학 문제를 틀린 경우에는 반드시 다시 한번 혼자 힘으로 풀어보자.

문제를 푼 다음에는 나중에 비슷한 유형을 풀 때 반드시 맞힐 수 있도록 대비해 두어야 한다. 다르게 말하면 이 과정은 '개념의 정교화'이다. 마치 조각가가 모난 부분은 다듬고 부족한 부분에는 재료를 덧붙여 조각해 나가듯이, 개념을 정교한 형태로 다듬어가는 것이다. 이러한 과정을 반복하며 완벽한 '개념의 조각상'을 만드는 것이 바로 진짜 공부다.

좋은 계획이
좋은 공부를 만든다

'Manners, maketh, man.'

매너가 사람을 만든다.

영화 「킹스맨」에 나온 명대사다. 나는 이 문장을 패러디 해 이런 말을 남기고 싶다.

'좋은 계획이 좋은 공부를 만든다.'

많은 학생이 공부할 때 좋은 계획 세우기의 중요성을 간과한다. 대부분 공부를 시작할 때 공부 계획을 세우지만, 대체로 계획이 두루뭉술하거나 체계가 잡혀 있지 않은 경우가 많다. 잘 세운 계획은 이후에 공부를 본격적으로 해나가는 과정의 길잡이가 되기에 굉장히 중요한 단계다. 좋은 공부 계획의 5가지 조건은 다음과 같다.

조건1 모든 계획은 공부량을 기준으로 세운다

공부 계획을 시간 기준으로 세우는 사람이 있고 분량 기준으로 세우는 사람이 있다. 나는 두 가지 방식을 모두 실천해 봤는데, 결과적으로 공부량 기준의 계획이 더 효과적이라는 사실을 깨달았다. '수학 2시간, 영어 1시간'과 같이 공부 시간을 기준으로 계획을 세우면 무의식적으로 그 과정

①학습의 기술

②계획의 기술

③문제 풀이의 기술

④읽기의 기술

⑤시험 출제의 기술

⑥입시 전략의 기술

은 어떻든 시간만 채우면 된다는 생각이 들어 공부에 온전히 몰입하기 어렵다. 공부의 질에 대한 고려 없이 그저 시간만 채우게 되기 때문이다.

반면에 '수학 ○○ 문제집 40쪽부터 50쪽까지 풀기, 영어 △△ 강의 17강 듣고 인강 교재 문제 풀기'와 같이 공부량을 기준으로 계획을 세우면 공부의 질적 측면이 중심이 된다. 단지 시간만 채우는 게 아니라 목표한 분량을 채우고 계획을 완전히 수행하기 위해 공부에 훨씬 몰입하게 된다. 그러니 공부 계획은 구체적인 공부량을 기준으로 세우기를 권한다.

조건2 장기 계획을 세우고 세부 목표를 쪼갠다

오늘의 공부 계획을 세우기 전에, 현재 시점을 기준으로 앞으로 1년 동안의 장기 계획을 세워보자. 과목별로 장기적인 계획을 세우면서 공부의 전반적인 방향성을 설정하는 것이다. 그다음 그 계획을 6달, 3달, 1달, 1일로 쪼개어 더 세부적인 단기 계획을 수립하자. 이렇게 장기 계획을 바탕으로 세부 목표를 정해두면 방향성을 잃지 않는다. 또 내가 하는 공부에 확신이 생겨 막연한 불안감을 느끼지 않을 수 있다.

보통 스터디 플래너에는 장기 계획을 적을 수 있는 공간이 마련되어 있다. 거기에 자신의 장기 계획을 적어놓아라. 내가 제대로 공부하고 있는지 막막할 때 그 장기 목표를 읽어보아라. 그러면 불안감이 사라지고 확신이 생겨 공부에 더욱 추진력을 얻을 수 있다.

조건3 공부 가용시간을 계산하여 실행 가능성을 높인다

하루 중 내가 혼자서 온전히 공부에 쓸 수 있는 시간을 '공부 가용시간'이라 한다. 매일 아침 공부 계획을 세우기 전에 공부 가용시간을 먼저 계산해 보라. 아침에 일어나서 자기 전까지 깨어 있는 시간 중에서 자습할 수 없는 절대적인 시간을 따져본다. 학교 수업을 듣는 시간, 밥 먹는 시간, 수행평가를 해야 하는 시간, 학원에 가는 시간 등 하루 활동을 떠올리며 각 활동에 몇 분, 몇 시간이 할애되는지 그 총합을 계산한다.

하루 중 깨어 있는 시간 ― 공부할 수 없는 시간 = 공부 가용시간

① 학습의 기술

② 계획의 기술

③ 문제 풀이의 기술

④ 암기의 기술

⑤ 시험 돌파의 기술

⑥ 입시 전략의 기술

하루 중 깨어 있는 시간에서 공부할 수 없는 시간을 빼면 내가 공부할 수 있는 공부 가용시간이 나온다. 공부 가용시간은 공부에 방해받지 않을 시간을 모두 고려해서 계산한 것이기에, 이에 맞추어 공부 계획을 수립하면 100% 실천 가능한 계획을 세울 수 있다.

공부 가용시간을 넘어설 만큼 계획을 과도하게 세우면 오히려 해가 된다. 계획이 실행 불가능하면 설렁설렁 공부했음에도 '어차피 이 계획은 다 지키지 못할 거였어' 하며 자기합리화를 하게 된다. 공부 의지가 강해서 자신이 세운 계획을 최대한 지키려고 노력하는 경우에도, 아무리 노력해 봤자 계획을 완벽히 지키지 못하게 되니 자책하게 된다. 자신감이 줄어들면 더더욱 계획한 대로 공부를 이어가지 못하게 되는 악순환에 빠진다. 그러니 공부 계획은 마음만 먹으면 100% 수행할 수 있는 정도의 양으로 세워야 한다.

조건4 계획 → 실천 → 평가의 사이클을 돌리며 발전한다

계획을 아무리 꼼꼼히 잘 세워도 빈틈이 있기 마련이다. 이에 매일 공부를 마무리하면서 오늘의 공부 계획을 스스

① 학습의 기술

② 계획의 기술

③ 문제 풀이의 기술

④ 암기의 기술

⑤ 시험 돌파의 기술

⑥ 입시 전략의 기술

로 평가하고 고민해 봐야 한다. 계획이 너무 과도하거나 느슨하지는 않았는지, 계획을 두루뭉술하게 세우지는 않았는지 점검한다. 이때 보완이 필요한 부분이 있다면 플래너 한 쪽에 따로 정리해 적고, 다음 날 공부 계획을 세울 때 그 내용을 충분히 고려해서 반영한다. 이처럼 매일 '계획하기 → 실천하기 → 평가하기'의 사이클을 돌려야 궁극적으로 자신에게 최적화된 완벽한 공부 계획을 세울 수 있다.

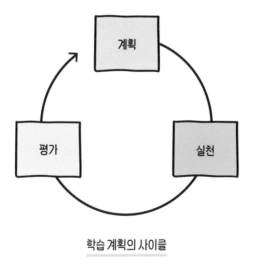

학습 계획의 사이클

조건5 일주일 중 하루는 재정비할 시간을 마련한다

공부하다 보면 예상하지 못했던 일이 발생하여 부득이하게 그날의 계획을 제대로 달성하기 어려워질 때도 있다. 그렇게 일주일 정도가 지나면 밀린 공부 계획들이 누적된다. 이때 이미 어쩔 수 없다는 생각에 이것들을 해결하지 않고 그냥 넘어가면 그 후로도 계속 계획이 밀리게 된다. 결국 밀린 공부는 끝까지 수행하지 못하게 되는 것이다.

모든 요일을 비슷한 공부량으로 빡빡하게 계획하지 말고 일주일 중 하루는 계획을 비교적 여유 있게 세우자. 그리고 그날에는 그동안 해결하지 못했던 것들을 수행하자. 나의 경우 일요일에는 평소보다 공부량을 반 정도로 줄여서 계획해 두고, 남는 시간에 이번 주 동안 놓친 공부 계획들을 수행했다. 일주일을 마무리하는 일요일이든 다른 날보다 공부 가용시간이 많은 어떤 요일이든 좋으니, 하루를 정해서 매주 그 요일에는 지난 일주일 동안 밀린 공부 계획을 다시 채울 수 있는 기회로 활용하라.

① 학습의 기술

② 계획의 기술

③ 문제 풀이의 기술

④ 기억의 기술

⑤ 시험 족보의 기술

⑥ 입시 적응의 기술

똑같은 스터디 플래너를 사용해도 그것을 어떻게 작성하는가에 따라 공부 효율이 크게 달라진다. 누군가는 플래너로 매일, 매주의 공부 루틴을 만들며 학습 능률을 높이는 반면에 누군가는 단순히 오늘 얼마만큼 공부했는지를 기록하는 용도로만 사용하는 데 그친다. 나는 중학생 때부터 스터디 플래너를 작성해 오면서, '어떻게 하면 효율적으로 플래너를 작성할 수 있을까?'를 늘 고민하며 나만의 플래너 활용법을 만들어 나갔다. 그 결과 고3 때까지 약 6년간 플래너를 작성하면서 공부 능률을 높이는 효과적인 스터디 플래너 작성법을 5단계로 정립할 수 있었다. 누구나 쉽게 따라 할 수 있는 방법이니 꼭 실천해 보길 바란다.

1단계 공부 계획은 1시간 단위로 세운다

모든 공부 계획은 자신이 1시간 동안 집중해서 공부할 때 충분히 수행할 수 있는 공부량을 기준으로 세운다. 예를 들어 '수학 기출문제집 32~37쪽 풀기'를 계획에 넣고 싶은데 이것이 자신의 풀이 속도를 감안하면 2시간 내에 끝낼 수 있는 분량이라 가정하자. 그렇다면 이 공부량을 반으로 나누어 '수학 기출문제집 32~34쪽 풀기', '수학 기출문제집 35~37쪽 풀기'와 같이 1시간 단위로 쪼개서 각각 한 칸에 적는 것이다.

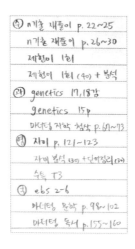

1시간 단위에 맞춰 공부 계획을 작성하면 나의 공부 진행 상황을 한눈에 쉽게 파악할 수 있다. 한 줄에 적힌 계획은 한 시간이 소요되는 공부이므로, 하루의 계획을 완수하려면 앞으로 어느 정도의 시간이 더 필요한지도 남은 계획의

수로 계산해 볼 수 있어 시간 관리에도 용이하다.

2단계 형광펜으로 공부 진도를 표시한다

계획을 하나씩 수행할 때마다 옆 칸에 형광펜으로 색칠한다. 이때 과목별로 형광펜의 색을 다르게 정하고 1시간이면 한 칸, 30분이면 반 칸 등으로 길이를 세분하여 칠하는 것이 포인트이다. 나의 경우 수학은 분홍색, 과학은 파란색, 영어는 연두색, 국어는 초록색, 이외 공부는 주황색으로 표시했다.

이렇게 과목마다 다른 색 형광펜으로 구체적인 공부 현황을 표시하면 얻게 되는 장점이 두 가지 있다. 첫째로, 특정 과목에 치우치지 않고 균형 있게 공부하기에 유용하다. 형광펜 색깔의 분포를 보면 과목별로 몇 시간을 공부했는지 한눈에 파악하기 쉽다. 공부할 때는 자신이 좋아하는 과목이나 부족한 과목에만 편중해서 공부하지 않도록 늘 경계해야 하는데, 형광펜으로 표시된 공부 계획을 보면 자신의 상황을 쉽게 진단할 수 있다.

두 번째로, 형광펜으로 공부량을 세분하여 표시하면 공

부 수행 정도를 더욱 정확하게 알 수 있다. 보통 학생들은 수행 여부를 'O, △, ✕' 와 같이 3가지 기호로 표시한다. 그런데 이렇게 표기하면 1시간 계획이었던 공부를 10분 했

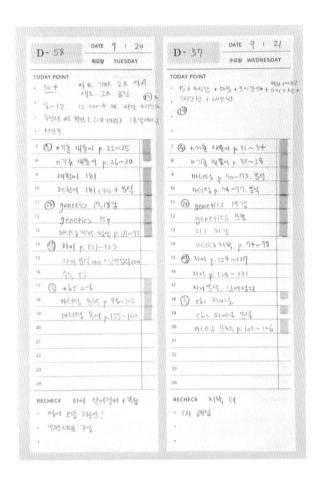

든, 50분을 했든 똑같이 △ 표시를 하게 되기 때문에 공부량을 엄밀하게 확인할 수 없다. 그리고 공부한 게 거의 없는데도 꽤 공부했다고 느끼는 자기합리화에 빠지게 된다. 하지만 형광펜으로 색칠하는 길이를 달리하여 구체적인 공부량을 표시하면 30분 공부한 경우는 전체 영역의 절반, 50분 공부한 경우는 전체 영역의 $\frac{5}{6}$을 색칠하면 되는데, 이렇게 하면 자신의 공부량을 정확히 표시하고 파악할 수 있다.

3단계 매일 공부 통계를 기록한다

형광펜으로 하루 동안 수행한 공부량을 표시했다면 그날의 공부를 마무리할 때는 모눈종이 페이지에 형광펜을 가로로 한 줄 칠한다. 형광펜을 칠하는 순서는 중요한 과목 순으로 배치하면 좋다. 나의 경우 수학, 과학, 영어, 국어, 이외 과목 순으로 표시했다. 스터디 플래너 맨 뒷면에 모눈종이 페이지가 있는 경우가 많으니 그 페이지에 공부 그래프를 기록하라. 모눈종이의 2칸을 1시간으로 두고, 5시간마다 세로선을 그은 후 막대그래프를 그리면 공부량을 표시하고 알아보기에 수월하다.

그렇게 매일 공부 그래프를 작성하면 나만의 공부 통계가 완성된다. 이는 장기적인 공부 추이를 한눈에 파악하고 공부 루틴을 분석하는 데 도움이 된다. 또한 장기 계획과 실

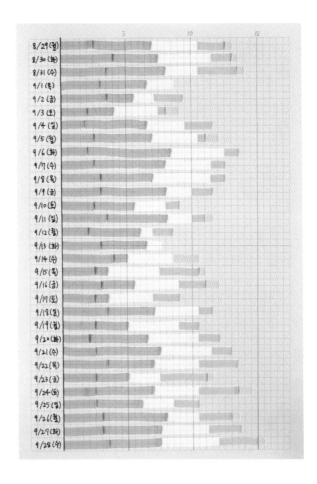

제 수행 결과가 일치하는지를 스스로 점검해 보는 기회가 된다. 예를 들어 수학 실력이 부족해서 수학 공부를 집중적으로 해야 하는 상황인데 공부 통계를 보니 수학보다 성적이 훨씬 좋은 과학에 더 많은 시간을 들이며 공부하고 있음을 깨닫게 되었다. 그러면 '과학 공부 비중을 조금 줄이고, 수학 공부 비중을 더 높여야겠다'라고 다짐하며 앞으로의 계획을 수정할 수 있다. 그리고 매일 정해진 계획을 수행할 때는 미처 몰랐던 하루의 총 공부 시간도 공부 통계의 막대 그래프 길이를 비교하며 파악할 수 있고, 이를 통해 시간 관리에 있어 더 보완해야 하는 부분을 깨달을 수 있다.

4단계 밀린 공부는 다음 날 첫 줄에 다시 적는다

공부 계획을 매일 100% 달성하기란 쉽지 않은 일이다. 열심히 공부했어도 계획의 일부는 수행하지 못하고 넘어가게 될 수 있다. 그럴 때 밀린 공부는 계획에서 없애거나 그냥 넘기지 않고 다음 날 공부 계획의 가장 첫 줄로 이동하여 다시 적는다. 그렇게 하면 계획한 공부를 놓치지 않고 완벽하게 할 수 있다.

5단계 형식에 얽매이지 않고 나만의 방식을 익힌다

나의 플래너 작성법을 보고 누군가는 '겉보기에 너무 치중한 것이 아닌가?' 하고 생각할 수도 있다. 하지만 나는 플래너 작성의 확고한 원칙이 있다. 바로 '형식에 얽매이지 말자'는 것이다. 앞서 소개한 플래너 작성 과정에서 플래너를 꾸몄다고 말할 수 있는 부분은 어느 곳에도 없다. 형광펜으로 공부량을 표시한 것도 한눈에 공부 수행 정도를 쉽게 파악하기 위해 필요한 작업이었을 뿐 알록달록 예쁘게 꾸미기 위한 수단이 아니었다.

플래너를 형형색색의 펜을 사용하여 아기자기하게 꾸미는 것은 공부에 전혀 도움이 되지 않는다. 오히려 플래너를 꾸미는 데 신경 쓰느라 공부에 쓸 시간을 빼앗기면 공부를 효율적으로 수행하도록 돕는다는 플래너의 본래 목적마저 잃게 된다. 플래너는 공부의 보조 수단일 뿐이다. 플래너 작성과 공부의 주객이 전도되어선 안 된다는 점을 명심하며 딱 내 공부에 도움이 될 정도로만 활용하자.

3

문제 풀이의 기술

① 학습의 기술

② 계획의 기술

③ 문제 풀이의 기술

④ 암기의 기술

⑤ 시험 답안의 기술

⑥ 입시 전략의 기술

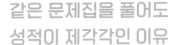

같은 문제집을 풀어도
성적이 제각각인 이유

시험공부의 첫 단계는 기본 개념 학습으로 시작한다. 하지만 '시험'이라는 특성상 전체 공부 과정의 80% 이상을 문제 풀이에 할애하게 된다. 학생들은 각종 기출문제와 예상문제, 응용문제 등이 정리된 문제집을 심사숙고해서 고르고 수많은 문제를 푼다. 그런데 같은 문제집을 풀어도 어떤 학생은 얻어가는 게 2 정도 수준에 그친다면, 다른 학생은 10까지 야무지게 얻어간다. 이처럼 문제집을 풀고 활용하는 과정에서의 마음가짐과 태도가 학습 효과의 차이를 만든다.

　문제를 풀 때 따라야 하는 마음가짐은 '문제를 틀리면 기뻐하라'이다. 이 말을 듣고 당황스러운 독자도 있을 것이다. 하지만 이는 정말이다. 우리가 문제집을 푸는 이유는 문제를 많이 맞히기 위해서가 아니라, 부족한 개념을 발견하고 보완해 나가기 위해서이다.

　문제집에 있는 대부분의 문제에 동그라미를 치게 되었다면, 기뻐할 게 아니라 슬퍼해야 한다. 내 실력을 향상시킬 적절한 수준의 문제집을 고르지 못한 것이기 때문이다. 나에게 너무 쉬운 문제집을 풀어서 시간을 낭비한 것이다. 반대로 문제를 틀렸다면 우울해할 필요가 없다. 오히려 즐거워하라. '나의 부족한 점을 발견하게 해준 문제네! 고맙다, 문제야!' 하고 신나야 한다. 문제를 틀리는 것에 대한 부정적인 관념을 버리고 문제를 대하는 새로운 마음가짐을 장착하자.

　문제를 풀 때 지녀야 할 태도는 '모든 선지를 꼼꼼히 읽고 넘어가는 습관'이다. 문제를 풀 때는 주어진 선지를 모두 꼼꼼히 읽고 답을 고르자. 예를 들어 ①부터 ⑤까지의 선지가 있는데 선지 ③번을 읽어보니 이게 답인 것 같은 생각이 들었다면, 이때 곧바로 ③을 체크하고서 다음 문제로 넘어가지 않는 것이다. 답을 정확히 고른 것 같아도 ④, ⑤ 선지도 읽고 넘어간다.

앞서 말했듯 우리가 문제집을 푸는 이유는 스스로 부족한 개념을 발견하고 보완하기 위해서다. 자신의 부족한 점을 많이 찾을수록 문제를 푸는 데 의미가 있다. 문제집의 모든 선지를 읽다 보면 여러분이 정말 개념을 확실히 알고 있는지, 잘못 알고 있거나 어렴풋이 알고 있는 내용은 없었는지를 정확히 파악할 수 있다. 만약 선지 중에서 헷갈리는 내용이 있다면 다시 개념으로 돌아가 학습하고 다시 문제를 풀어야 한다. 이 과정을 반복해야 진정한 학습이 이루어진다. 이것이 문제집을 100%로 활용하는 방법이다.

모든 선지를 읽고 답을 선택하는 습관은 실제 시험을 볼 때도 큰 도움이 된다. 매력적인 오답에 홀라당 넘어가는 일을 방지할 수 있기 때문이다. 선지에 함정을 심어 수험생들을 혼란에 빠뜨리는 문제를 만나도 각각의 옳고 그름을 차분히 판단할 수 있다. 시험은 시간 싸움이라는 생각에 평소에도 무조건 문제 푸는 속도만을 높이려 혈안이 될 필요는 없다. 문제부터 선지 내용까지 정확하게 살펴보며 분석하는 과정이 익숙해지면 문제를 푸는 속도는 점차 오른다.

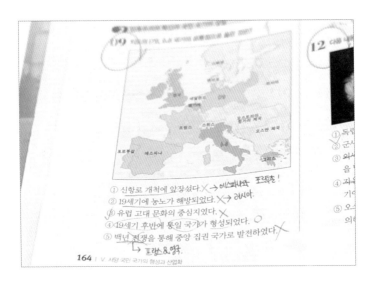

①학습의 기술

②계획의 기술

③문제풀이의 기술

④읽기의 기술

⑤시험 준비의 기술

⑥입시 전략의 기술

문제집을 씹어 먹는 'MUST 공부법'

문제를 풀면서 문제집에 담긴 지식을 완전히 내 것으로 흡수하는 방법을 소개하겠다. 이는 내가 수험 생활 동안 수많은 문제집을 풀면서 직접 터득하고 개발한 이론으로, 'MUST 공부법'이라 이름 붙였다. 'MUST'란 Mistake Correction(실수 교정), Understanding(지식 이해), Skill(기술), Typing(유형화)의 첫 글자를 딴 것이다. 문제를 틀림으로써 얻을 수 있는 중요한 4가지 통찰을 의미한다. 이 4가

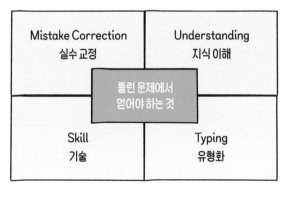

MUST 공부법

지 통찰을 얻어야 문제집을 완벽히 풀었다고 자신 있게 말할 수 있다.

'Mistake Correction(실수 교정)'은 문제를 풀면서 자신의 실수를 발견하고 보완하는 단계다. 실수해서 틀렸다면 구체적으로 어떤 실수를 했고 그 실수를 왜 했는지, 앞으로 같은 실수를 하지 않기 위해서는 어떤 전략이 필요한지를 고민한다. 예를 들어 수학 문제를 풀 때 자꾸 $\frac{9}{16}$을 $\frac{3}{4}$으로 잘못 약분해서 틀린다면, 같은 분수가 나올 때 '이건 제곱수다. 약분이 되지 않는다'라고 떠올리자고 다짐한다.

다음으로 'Understanding(지식 이해)'는 문제를 틀린 다음, 이에 해당하는 개념으로 돌아가서 새로운 지식이나 몰랐던 개념을 배우고 익히는 단계다. 특정 개념에 대한 공부가 부족해 문제를 틀렸다면 교과서나 기본서를 펼쳐 관련 개념을 살펴보고, 선지에 헷갈리는 용어가 등장했다면 해설지를 보며 개념을 익힌다. 예를 들어 문학에서 '역설' 개념을 '반어'와 착각해서 문제를 틀렸다면, 다시 교과서 등을 찾아보며 각각의 개념을 정리하고 머릿속에 새긴다.

'Skill(기술)'은 문제 풀이 기술이 부족해서 틀린 경우 문제를 맞히기 위해 필요했던 요령을 공부하고 체화하는 과정이다. 개념은 정확히 알고 있어도 문제 풀이를 할 때 알아두어야 하는 스킬을 몰라서 문제를 틀리거나, 정석적인 풀이보다 스킬을 이용할 때 문제의 답을 구하는 시간이 크게 단축되는 경우가 있다. 주로 수학이나 과학이 그렇다. 이때 문제를 효율적으로 풀기 위하여 알아야 했던 스킬을 답지나 인터넷 검색을 통해 학습한다.

예를 들어 세 점의 좌표를 알 때 삼각형의 넓이를 구해야 한다면 '신발 끈 공식'으로 답을 빠르게 구할 수 있다. 신발 끈 공식은 교과서에는 나오지 않는 공식으로, 신발 끈처럼 사선으로 곱해주며 계산한다고 하여 '신발 끈 공식'이라는 이름이 붙었다.

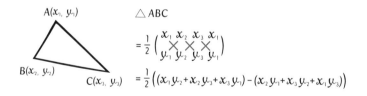

$$\triangle ABC = \frac{1}{2}\left(\begin{array}{cccc} x_1 & x_2 & x_3 & x_1 \\ y_1 & y_2 & y_3 & y_1 \end{array}\right)$$

$$= \frac{1}{2}\left((x_1 y_2 + x_2 y_3 + x_3 y_1) - (x_2 y_1 + x_3 y_2 + x_1 y_3)\right)$$

다만 스킬을 이용할 때 유의해야 할 점은, 출제자의 의도

대로 풀 줄 안다는 전제하에 사용해야 한다는 것이다. 정석대로 풀 줄 모르는 수준에서 요령만으로 쉽게 풀려고 하면 수학 실력이 늘기 어렵다. 원래 풀이로도 잘 풀 수 있는 실력일 때 시간을 절약하기 위해 스킬을 사용하는 게 맞다.

마지막으로 'Typing(유형화)'는 틀린 문제들의 유형을 범주화하며 해당 유형을 위한 전략을 마련하는 단계다. 모든 문제는 몇 가지 유형으로 나뉨을 알 수 있다. 예를 들어 국어의 경우 내용 이해, 표현법 및 서술 방식 파악, 글의 감상 등으로 나뉘고, 영어의 경우 주제 파악, 문장 삽입, 글의 순서, 빈칸 추론 등 다양한 유형으로 나뉜다.

문제를 풀 때 각 문제가 개별적인 것이라 생각하며 넘기지 말고 각 문제의 유형을 분석하며 정리해 두자. 이를 통해 자신이 어떤 문제 유형에 취약한지, 앞으로 어떤 문제들을 더 풀면서 대비해야 하는지 전략을 세울 수 있다. 예를 들어 영어에서 '글의 순서'를 묻는 유형의 경우 A, B, C 문단 간 연결고리 파악이 중요하다. 그래서 이러한 유형에서는 앞뒤 문단에 제시된 'he, she, they, them, it' 등의 대명사와 'this, that, these, those' 등의 지시형용사를 주의 깊게 살피며 풀어야 한다고 대응책을 세워야 한다. 이런 식으로 틀린 문제를 유형화하면 한 단계 발전할 수 있을 것이다.

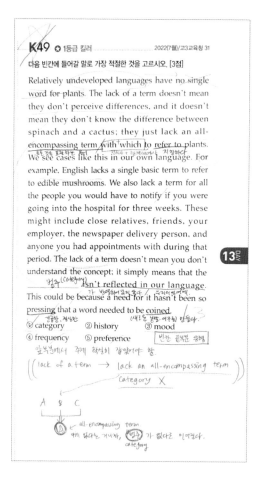

① 학습의 기술

② 계획의 기술

③ 문제 풀이의 기술

④ 암기의 기술

⑤ 시험 풀이판의 기술

⑥ 입시 전략의 기술

4

암기의 기술

오감을 활용하여 지식을 인출하라

    지식을 머릿속에 넣는 것이 '인풋'이라면, 공부한 내용을 직접 말로 설명해 보거나 습득한 지식을 활용해 문제를 푸는 것은 '아웃풋'이다. 성적은 아웃풋의 영역이다. 아무리 교과서를 수십 번 읽었다고 해도, 그 내용에 대해 설명하지 못하고 우물쭈물한다면 제대로 공부한 것이 아니다. 또한 그 내용에 대해 묻는 문제를 틀린다면 그 역시 제대로 공부한 게 아니다.

우리는 수시로 인풋을 아웃풋으로 전환하는 훈련을 해야 한다. 내가 공부한 내용이 머릿속에 제대로 남아 있는지, 개념이 완전히 소화되어서 문제를 풀 때 자유자재로 활용할 수 있는지를 파악하라. 공부하는 과정에서 학습한 내용을 내 것으로 잘 흡수했는지를 틈틈이 확인하고, 만약 놓치고 있는 개념이 있다면 다시 머릿속에 입력해야 한다. 그래야 계속 새로운 개념을 배워도 밑 빠진 독에 물 붓는 식이 아니라 진짜 지식이 되어 쌓인다.

인풋을 아웃풋으로 전환할 때 막힌다면 그때 암기가 필요하다. 공부할 때는 잘 이해했다고 생각했지만 막상 말로 설명하려고 하면 입이 안 떨어지거나, 문제를 풀려고 하면 '그 개념이 뭐더라?' 하며 아리송해지는 경우도 있다. 특히 내신 시험이나 모의고사에서는 여러 과목의 시험을 한 번에 치르기 때문에 알아두어야 할 개념이 너무나 많다. 개념을 이해하는 과정에서 자연스럽게 터득할 수 있는 내용이라면 상관없지만 사회·과학 용어나 한국사의 사건 이름 등의 특정 개념은 따로 '암기'의 과정을 거쳐야 한다. 그만큼 주먹구구식 암기가 아닌 보다 효과적인 암기법을 활용해 모든 개념을 머릿속에 체계적으로 각인해야 한다.

오감을 적극적으로 활용하면 암기에 큰 도움이 된다. 오감은 시각·청각·후각·미각·촉각 등 다섯 가지 감각으로, 최대한 많은 감각을 동원하여 암기할수록 암기의 효과가 배가된다. 가만히 앉아 눈으로만 공부하는 것보다 눈으로도 읽고 큰 소리로 읽어도 보며 글자를 따라 쓰는 동안 암기력은 크게 상승한다.

우리가 평소 시험 기간에 가장 쉽게 실천할 수 있는 방법은 학습한 내용을 직접 말로 설명하면서 복기해 보는 방식이다. 공부한 내용을 친구에게 설명하거나, 말할 상대가 없다면 인형을 두거나 허공을 보면서 학습한 내용을 말로 내뱉어 보자. 이때 단지 말만 하지 않고 내용을 칠판이나 노트에 쓰면서 설명하면 청각과 함께 시각까지 자극하게 되어 암기 효과를 더 높일 수 있다.

친구와 퀴즈를 주고받으며 직접 말로 답을 말해보는 것도 좋은 암기 방법이다. 시험 범위에 해당하는 문제를 서로 내고 답하다 보면 '아, 이 개념은 외운 것 같았는데 제대로 안 외워졌구나' 하는 부분을 발견하게 된다. 바로 답이 떠오르지 않고 머릿속에 관련 개념만 뒤죽박죽 맴돈다면 다시 개념을 살펴보며 확실히 암기해야 한다.

스마트폰의 음성 녹음 기능을 활용해서 암기력을 높일 수도 있다. 아무리 노력해도 잘 안 외워지는 내용은 직접 소리 내어 말하고 그걸 녹음하자. 시간이 날 때마다 수시로 녹음한 음성 파일을 들어라. 반복해서 듣다 보면 자연스럽게 암기가 된다.

핵심을 따라 생각을 확장한다
키워드 공부법

'백지 복습'이라는 말을 들어본 적 있는가? 내가 공부한 내용을 교과서나 개념서를 보지 않고 빈 종이에 쭉 써보는 공부법이다. 아무런 힌트 없이 자신의 지식을 인출하고 확인해 보는 작업이어서 많은 학생이 시험 기간에 실천하고 있다. 그런데 이 방법은 상당히 비효율적이다. 아무런 정보도 주어지지 않은 상태에서 공부한 내용을 토씨 하나 빠뜨리지 않고 완벽하게 복기하기란 불가능하며, 적어야 하는 내용이 너무 광범위해서 시간적·체력적 소모가 크다.

그래서 내가 추천하는 방법은 '키워드 암기법'이다. 종이에 그날 공부한 개념의 핵심 키워드를 적고 책을 덮은 채로 각 키워드에 해당하는 개념을 말로 설명하는 공부법이다. 예를 들어 생명과학Ⅱ의 '세포호흡' 개념을 공부했다면, 세포호흡의 주 과정인 '해당과정', 'TCA회로', '산화적 인산화' 세 단계를 적는다. 그다음 종이에 적힌 단어를 보면서 각 개념에 대한 내용을 말로 설명한다. 개념의 정의나 원리를 설명하면 되는데, 수학의 경우 공식의 증명 과정을 설명해 보는 것도 좋다. 개념이 잘 떠오르지 않아 막히는 부분이 있다면 책을 펼쳐 복습한 다음, 다시 한번 말로 설명해 본다.

백지 복습과 달리 키워드 암기법은 주요 키워드가 이미 주어져 있는 상태에서 각 세부 내용을 덧붙이면 되기에 개념을 떠올리며 설명하기가 한결 편하다. 또한 개념을 글로 적는 게 아니라 말로 설명하는 방식이므로 백지 복습과 학습 내용이나 깊이는 비슷한 반면 시간은 훨씬 절약된다. 키워드 암기법을 활용하면 매일 학습한 내용 중에서 중요한 키워드를 직접 뽑아보고 각 세부 내용은 무엇인지 큰 그림을 그리며 익힐 수 있다는 장점도 있다.

　머릿속에 있는 지식을 직접 자신의 언어로 설명할 수 있다는 것은 정말 중요한 의미를 가진다. 언어는 고도로 논리적이고 구조화된 체계다. 내가 배운 개념을 말로 유창하게 설명할 수 있다는 건 그 개념의 모든 논리를 이해하고 체화하여 내 것으로 만들었다는 뜻이다. 그러므로 개념을 학습한 후에는 꼭 키워드 암기법을 통해 내가 학습 내용을 제대로 기억하고 있는지 판단해 보자. 참고로 이 방법은 유튜브 채널에 출연해 주었던 내 친구 지헌이가 고등학생 때 사용했던 방법을 나만의 방식으로 변형한 것이다.

무질서를 스토리로 연결하라
스토리텔링 암기법, 단어 만들기

　'스토리텔링 암기법'이란 암기해야 하는 내용을 하나의 스토리로 엮어 기억에 잘 남도록 하는 방법이다. 서로 공통

① 학습의 기술

② 계획의 기술

③ 문제 풀이의 기술

④ 암기의 기술

⑤ 시험 돌파의 기술

⑥ 입시 전략의 기술

점이 없는 단어들의 조합을 외워야 할 때 스토리텔링 암기법을 적용하면 아주 효과적으로 암기할 수 있다.

부동성 무기양료에는 Ca(칼슘), Fe(철), B(붕소)가 있다.

위 문장은 내가 대학교 2학년 때 수목생리학이라는 전공 수업에서 외워야 했던 내용이다. 부동성 무기양료란 식물체 내에서 이동이 잘 되지 않는 무기양료를 의미한다. 이 내용의 개념 자체는 이해되었지만 잘 외워지지는 않았다. 어떻게 외워야 잊히지 않을까를 고민하던 중 스토리텔링을 활용해 보기로 했다. Ca(칼슘)과 Fe(철)을 붙여 쓰면 'Cafe'가 되고, B(붕소)를 발음 그대로 읽으면 '비'가 된다는 점을 활용해 다음과 같은 문장을 만들었다.

비를 피하기 위해 카페에 앉아 있다.

위 문장을 읽으면 비가 추적추적 오는 와중에 카페에 앉

① 학습의 기술

② 계획의 기술

③ 문제 풀이의 기술

④ 암기의 기술

⑤ 시험 돌파의 기술

⑥ 입시 전략의 기술

아 조용히 커피를 마시는 모습이 연상된다. 카페에 앉아 있는 것은 움직이지 않는 상태이기 때문에 부동성 무기양료라는 본래 의미에까지 잘 연결된다. 이에 대한 문제가 시험에 나왔는데 한 치의 고민 없이 바로 Ca, Fe, B를 답으로 적을 수 있었다.

목재의 종류에는 중밀도 섬유판, 집성재, 합판, 파티클 보드가 있다.

이는 중학생 때 기술·가정 시간에 배운 내용이다. 여러분이 이 내용을 외워야 한다면 어떤 방식으로 외울 것인가? 나는 각 목재 종류의 첫 글자인 '중', '집', '합', '파티'를 활용해 다음과 같이 하나의 스토리가 있는 문장을 만들었다.

> 중국으로 집합해서 파티하자!

목재의 종류와는 아무 관련 없어 보이는 문장이지만 각

각의 용어를 외우는 것보다 이렇게 하나의 의미를 지닌 문장을 외우는 편이 훨씬 암기가 잘 된다. 서로 연관이 없어 보이는 개념들이 하나의 연결된 의미로 연상되어 암기가 쉬워지기 때문이다.

실제로 스토리텔링 암기법은 과학적으로 그 효과가 입증된 암기 전략이다. 미국 조지아대학의 다이앤 무어먼[Diann Moorman] 교수는 학생들이 스토리텔링 없이 제시된 자료보다 스토리텔링이 적용된 정보를 더 잘 기억한다는 사실을 밝혀냈다.[*] 연구 데이터를 분석한 결과 스토리텔링이 적용된 정보가 그렇지 않은 정보보다 시험에서 더 성공적으로 회상되었다. 또한 학기가 끝난 후에도 스토리텔링과 연관된 지식은 학생들이 오랫동안 기억했다. 이처럼 스토리텔링은 강력한 기억의 기술이며 학습 과정에서 유용하게 활용할 수 있는 방법이다.

여러 개의 단어를 의미적으로 모두 연결하여 하나의 이야

---

[*] Moorman, Diann C., "This Is Not a Fable: Using Storytelling in a College Classroom to Enhance Student Learning", SoTL Commons Conference, vol.144, 2015.

기를 만드는 스토리텔링 암기법이 있다면, 여러 정보를 단 하나의 단어로 압축해서 암기하는 '단어 만들기' 방법도 있다.

울림소리에는 모든 모음과
자음 'ㄴ', 'ㄹ', 'ㅇ', 'ㅁ'이 속한다.

국어 문법 시간에 위와 같은 개념을 배웠다면 이를 쉽게 외우기 위해 'ㄴ', 'ㄹ', 'ㅇ', 'ㅁ'을 '노란 양말'이라는 단어로 만들 수 있다. 각 자음을 떠올리려 노력하지 않아도 노란 양말이라는 한 단어만 외우면 되니 암기하기가 훨씬 수월하다.

이와 같은 방법으로, 서양철학의 뿌리라 할 수 있는 세 명의 철학자인 소크라테스와 플라톤, 아리스토텔레스를 그들 이름의 첫 글자를 활용하여 '소플아노(소프라노)'라는 단어로 축약해서 외우면 한 번에 각인된다.

이처럼 어떤 범주에 속하는 여러 가지의 요소를 외워야 할 때는 단어의 첫 글자를 활용해서 특정한 의미를 가지는 문장이나 단어를 만들어 암기력을 높여보자.

① 학습의 기술

② 계획의 기술

③ 문제 풀이의 기술

④ 암기의 기술

⑤ 시험 준비의 기술

⑥ 입시 전략의 기술

포스트잇 암기법

영국 드라마 「셜록 홈즈」에서 주인공 셜록이 애용한 것으로 유명해진 '기억의 궁전'이라는 기억술이 있다. 드라마에서 셜록은 자신의 상상 속 공간인 기억의 궁전에 들어가 잊고 있던 지식을 선명히 떠올리며 되살린다. 이는 고대 로마에서 법전 등을 외우기 위해 사용했던 암기법으로, 기억하고자 하는 대상을 익숙한 장소와 연합시키는 부호화를 통해 기억력을 향상시키는 방법이다. 머릿속에 나만의 익숙한 공간을 만들고 그 안에 중요한 정보를 이미지화하여 저장하면 필요할 때 쉽게 떠올릴 수 있다.

우리 주변에서 흔히 쓰이는 포스트잇을 활용하여 여러분도 쉽게 기억의 궁전을 만들 수 있다. 포스트잇은 훌륭한 학습 도구로, 공부 과정에서 다양한 방식으로 활용할 수 있다. 중요한 내용을 포스트잇에 적고 교과서나 문제집에 붙여두면 책을 펼 때마다 복습이 가능하다. 문제를 틀렸을 때 포스트잇에 틀린 이유를 적어 문제 옆에 붙여두면 간편하게 오답 노트로 활용할 수도 있다. 그중에서도 이 장에서는 포스트잇을 이용한 암기법을 소개하고자 한다.

공부하다 보면 아무리 애써봐도 도저히 외워지지 않는 설명들이 있을 것이다. 그런 내용들을 포스트잇에 적고 집안 곳곳에 붙여두자. 냉장고, 벽, 화장실 문 등 붙일 곳은 많다. 일상생활을 하다 보면 반드시 시선을 두게 되는 장소들이 있다. 그곳에 포스트잇을 붙여라. 그러면 냉장고에서 음료를 꺼내 마실 때, 내 방에서 거실로 갈 때, 화장실에 갈 때

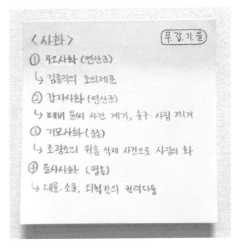

포스트잇 암기법의 예시

①학습의 기술
②계획의 기술
③문제 풀이의 기술
④암기의 기술
⑤시험 준비의 기술
⑥입시 전략의 기술

포스트잇에 적힌 내용을 자연스럽게 읽게 된다. 며칠 동안 포스트잇 내용을 읽다 보면 반강제적으로 그 내용이 머릿속에 박힌다. 그러니 잘 외워지지 않는 내용은 포스트잇 암기법을 이용해 암기해 보자. 우리 집이 나만의 기억의 궁전으로 변신하게 된다.

음률을 붙이면 저절로 연상된다
노래 개사 암기법

'울릉도 동남쪽 뱃길 따라 이백리~' 하면 아마도 여러분은 자동으로 '외로운 섬 하나 새들의 고향'이라는 가사가 떠오를 것이다. 우리나라 국민이라면 한 번쯤 들어 보았을 노래 「독도는 우리 땅」의 가사이다. 이 노래의 가사를 살펴보면 '동경 백삼십이 북위 삼십칠', '평균기온 십이도 강수량은 천삼백' 등과 같이 그냥 보면 어려운 수치와 용어가 등장한다. 하지만 노래를 부르다 보면 일부러 생각하지 않아도 내용을 줄줄이 읊게 된다. 친숙한 가락을 부르면서 자연스럽게 노랫말이 외워지기 때문이다.

이러한 과정은 공부에도 활용할 수 있다. 나와 비슷한 또래인 20대들은 중고등학교 과학 시간에 한 번쯤 LG사이언스랜드의 「소화송」을 들어본 적이 있을 것이다. 잘 알려진 「숫자송」을 개사해서 소화 과정을 재미있게 배우기 위한 교육용 노래로, 일부 가사를 살펴보면 다음과 같다.

입에서 아밀레이스
탄수화물 분해되고
위에선 펩신이 단백질 분해
울렁울렁 울렁울렁

소장 이자액에선
리, 트, 말, 아를 통해
탄, 단, 지 분해되고
융털에서 흡수되고

모세혈관 간문맥 간 심장
탄, 단, 수용 B·C, 무기염류

암죽관 림프관 가슴관 심장
지용비타민 A·D·E·K

가사만 보면 '입에서 아밀레이스', '융털에서 흡수' 등등 과학 지식으로 꽉 채워져 있어서 이 노래를 어떻게 암기할 수 있는지 의아할 수도 있다. 그런데 어릴 적부터 들어온 익숙한 노래에 가사를 붙여 부르니 신기할 정도로 잘 외워졌다. 성인이 된 지금도 소화송은 처음부터 끝까지 부를 수 있다. 즉 소화 과정에 관해 더는 공부하지 않는 지금까지도 우리 몸의 소화 과정에 대한 지식을 잊지 않고 줄줄 읊을 수 있다는 것이다.

생각해 보면 우리는 공부할 내용을 외우는 건 어려워하면서도 노래 한 곡은 손쉽게 외워 부른다. 나만 해도 노래방에서 완곡할 수 있는 노래가 적어도 100곡은 넘는다. 이처럼 글에 음을 붙이면 기억에 훨씬 더 잘 남는다.

나는 이 원리를 대학교 공부에 적용해 보았다. 대학교 1학년 때 선형대수학 시험공부를 하면서 「도레미송」을 개사하여 개념을 암기했다. 기하변수와 푸아송분포에 대한 여러 가지 식을 동요로 개사한 것이다. 물론 기하변수와 푸아송분포의 기본 원리는 모두 이해한 상태였다. 그렇지만 알아야 하는 식도 많고 시험에는 해당 식을 바로 떠올려서 적용해야 하는 문제가 출제되기 때문에 제대로 암기하기 위해 이런 방법을 택했다.

「도레미송」을 개사해 선형대수학 개념을 외웠던 악보

① 학습의 기술
② 계획의 기술
③ 문제 풀이의 기술
④ 암기의 기술
⑤ 시험 돌파의 기술
⑥ 입시 전략의 기술

노래를 개사해 암기한 효과는 대단했다. 복잡한 수식이 금방 외워져서, 시험을 볼 때 머릿속으로 노래를 되뇌면서 암기한 식을 문제에 바로 적용할 수 있었다. 여러분도 잘 외워지지 않는 학습 내용이 있다면 익숙한 노래에 가사로 붙여 외워보길 바란다.

① 학습의 기술

② 계획의 기술

③ 문제 풀이의 기술

④ 암기의 기술

⑤ 시험 돌파의 기술

⑥ 입시 전략의 기술

5

시험 돌파의 기술

1등은 시험에 임하는 마음가짐부터 다르다

평소 시험 기간에 느끼는 우리의 감정을 떠올려 보자. 열심히 공부했지만 시험이 다가올수록 마음은 점점 불안해진다. 차분히 공부하다가도 시험이 며칠 앞으로 다가오면 갑자기 가슴이 두근거리기 시작한다. 공부할 건 많은데 시험은 무심하게도 빠르게 다가오니 초조해진다. '시험을 잘 볼 수 있을까?' 하는 생각이 머릿속을 어지럽히며 시험을 망칠 것만 같은 부정적인 감정이 들기도 한다.

특히 시험 당일이 되어 시험지를 받는 순간에는 긴장감이 극에 달한다. 머릿속이 새하얘지고 손에 땀이 흥건해진다. 대부분의 학생이 이러한 '시험 불안'을 겪는다. 매 시험이 중요한 만큼 긴장하게 되는 건 어찌 보면 당연하다. 하지만 시험 불안은 집중을 방해하고, 시험을 위해 그동안 열심히 준비해 온 것들을 온전히 발휘하지 못하게 한다. 시험에서 그동안 쌓아온 실력을 100% 발휘하고 싶다면, 시험 불안을 반드시 극복해야 한다.

나도 시험 기간에 긴장을 많이 하는 편이었다. 특히 더 공들여서 공부한 시험일수록 완벽히 잘 해내야 한다는 생각에 몹시 떨리고 불안했다. 시험에서 제 실력을 발휘하기 위해서는 불안감을 이겨내는 게 첫 번째 관문이었기에, 시험 공부를 하면서 꾸준히 마음을 다스리는 연습을 했다.

우선 불안감을 느끼게 하는 구체적인 원인이 무엇인지를 고민했다. 그 결과, 내가 시험 때문에 불안해지는 이유는 시험을 너무 위협적으로 여기기 때문이었다. 시험에서 한 문제만 실수해도 성적이 떨어진다는 생각에, 그러면 원하는 대학에 못 갈 수도 있다는 생각에 마음이 더 조급해지고 긴장되었다. 시험을 무섭고 두려운 존재라고 인식하니 매번 시험이 다가오면 불안해졌다.

더 이상 시험을 두려워하지 않기 위해서는 새로운 마음가짐이 필요했다. 그때 마음에 새긴 문장은 크게 두 가지다. 첫째는 '시험과 맞짱 뜨고 온다'는 마음가짐이었다. 나는 시험을 볼 때마다 마음속으로 이 문장을 계속 되뇌었다. '내가 지금까지 공부해 온 게 있는데 시험 그까짓 게 날 좌절시킬 수는 없다. 시험이 뭐 별거냐?'라고 생각하며 자신감을 끌어올렸다. 시험은 내가 충분히 뛰어넘을 수 있는 대상이라며 당당한 마음가짐으로 임하면, 불안감도 눈 녹듯 사라진다.

시험에 대한 불안감을 없애는 두 번째 마음가짐은 '아는 것만 다 맞히고 오자'라는 다짐이다. '시험에서 한 문제도 틀리지 않고 반드시 100점을 받아야 돼!'라고 생각하면 부담감이 커질 수밖에 없다. 물론 시험공부는 만점을 목표로 최선을 다해야 하지만, 시험을 보는 그 순간에는 마음을 조금 더 편히 먹고 '아는 건 틀리지 말자'라고 생각하자. 시험에서 그동안 공부한 만큼 제 실력만 발휘해도 정말 잘한 것이다. 80점 받을 정도로 공부했는데 '100점 받아야지' 하고 허황된 목표를 가지면 오히려 원래 받을 수 있는 것보다 더 낮은 점수를 받을 수도 있다. 지나친 부담감에 평소에 하지 않던 실수를 하기도 한다. 그러니 아는 것만 실수하지 않고 다 맞히자는 마음가짐을 지니자.

시험을 미리 경험하며 익숙해진다

시험에 대한 긴장감을 줄여줄 마음가짐을 다잡았다면, 이제는 좀 더 구체적으로 시험 당일의 상황을 미리 경험하며 익숙해질 차례다. 학교 시험 기출문제를 풀면서 시험을 간접 경험하고 준비할 수 있다.

시험 전날에 내일 볼 과목의 학교 족보를 풀어본다. 이때 중요한 것은 실제 시험 시간과 동일하게 스톱워치로 시간을 재면서 문제를 풀고 OMR 마킹까지 하는 것이다(OMR 카드는 인터넷에서 구입하거나 이미지 파일을 내려받은 뒤 프린트하여 준비한다). '이건 진짜 시험이다'라는 자기암시를 걸면서 실제로 시험을 보듯 적절한 긴장감을 느끼며 문제를 푼다. 모르는 문제를 마주하면 별표를 하고 넘어간다. 마지막 문제까지 다 풀었으면 다시 첫 문제로 돌아가 별표 친 문제만 새로 풀어본다. 시험이 끝나기 15분 전 OMR 마킹을 시작한다.

제한 시간 안에 문제를 모두 풀고 검토까지 마쳐야 한다. 헷갈려서 넘긴 문제도 다시 살펴보면서 답을 고민한다. OMR 마킹도 실수 없이 잘했는지 확인하고, 만약 이때까지 못 푼 문제가 있다면 가장 정답일 가능성이 높아 보이는 선지로 답을 기입한다. 이렇듯 모든 과정을 실제로 시험을 보는 것처럼 동일하게 진행해야 한다.

단순히 문제를 풀기만 하지 말고, 실제 시험을 볼 때 일어날 수 있는 모든 상황을 미리 경험해 보면서 나의 행동 강령을 마련한다. 모르는 문제가 나왔을 때 몇 분 동안 고민할 것인지, 객관식과 주관식 중 어떤 유형을 먼저 풀 것인지, 답안 검토는 몇 번 할 것인지 등을 고민해 보고 각각에 대한 전략을 수립하자. 이 과정은 제한 시간 동안 모든 문제를 정확히 풀어야 하는 긴박한 상황 속에서 마음을 가라앉히고

① 학습의 기술
② 계획의 기술
③ 문제 풀이의 기술
④ 암기의 기술
⑤ 시험 돌파의 기술
⑥ 입시 전략의 기술

흔들림 없이 시험을 보는 자세를 길러준다. 그리고 이미 비슷한 상황을 경험했기에 실제 시험 당일에는 한결 차분한 마음으로 임할 수 있다.

시험 직후 반드시 거쳐야 하는 5단계

여러분은 시험을 치른 후에 다 푼 시험지를 다시 살펴보는가? 보통은 시험을 치른 다음 곧장 시험지를 책상 깊숙이 넣어두고 다시 쳐다보지 않는다. 그러나 '다 푼 시험지를 다시 꺼내어 살펴보는가?'의 여부는 공부를 잘하는 학생과 못하는 학생을 구분할 수 있는 기준 중 하나다.

공부를 잘하는 학생은 시험이 끝난 후 다시 시험지를 꺼내어 살펴보면서 이미 본 시험을 복기한다. 시험에서 어느 부분이 아쉬웠는지, 어떤 유형의 문제를 왜 틀렸는지 고민한다. 반면 공부를 못하는 학생은 한 번 푼 시험지는 절대로 다시 쳐다보지 않는다. 이제 시험에서 해방이라는 생각뿐이다. 그러나 이미 치른 시험을 되돌아보고 자신의 패인을 분석하는 일은 성적을 올리기 위한 필수 작업이다. 축구선수가 경기를 치른 후 자신의 경기 영상을 보면서 부족한 점을 보완해 나가듯이 말이다. 지금부터 나만의 시험지 분석 비법 5단계를 안내할 테니 여러분도 따라 실천해 보며 다음 시험을 대비하길 바란다.

시험지 분석의 5단계

✓ **준비물**   직접 푼 시험지, 해설지, 노트
✓ **방법**   채점을 마친 시험지를 들고 다음의 5단계를 순서
대로 따라 한다.

1단계 **시험 과목마다 난이도 평가하기**

이번 시험 문제의 난이도가 어떠했는지 고민해 보고, 노트에 각 과목의 출제 난이도를 5점 만점으로 표시한다. 국어, 영어, 수학 등 과목명을 적고 그 옆에 별점을 적는다. 시험 문제가 전반적으로 매우 어려웠다면 별 다섯 개를 모두

① 학습의 기술

② 계획의 기술

③ 문제 풀이의 기술

④ 암기의 기술

⑤ 시험의 기술

⑥ 입시 전략의 기술

색칠하고 매우 쉬웠다면 색칠하지 않은 별 다섯 개로 표시한다.

2단계 **오답의 요인 분석하기**

틀린 문제를 다시 살펴보면서 자신이 어떤 사고의 흐름으로 문제를 풀었는지 떠올려 본다. 그 후 해설지를 꼼꼼히 읽으며 이 문제는 어떤 사고의 흐름으로 풀어야 하는 문제인지, 자신은 이 문제를 무슨 이유로 틀리게 되었는지를 파악한다.

흔히 문제를 틀리는 이유는 3가지다. 개념 부족, 실수, 시간 부족. 자신이 틀린 각 문제를 살펴보면서 이 3가지 요인 중 어떤 것에 해당하는지 파악하고, 더 나아가 그 구체적인 이유까지 고민하자. 그리고 그 이유를 앞서 적어둔 각 과목명 하단에 틀린 문제 번호와 함께 적는다. 예를 들면 '8번. 실수. 문제 자체를 꼼꼼히 읽는 습관을 갖추지 못해서 '모두 고르시오'를 '고르시오'로 착각함' 등과 같이 오답이 발생한 구체적인 이유를 분석하여 적는다. 이렇게 스스로 문제를 진단해 보면 그동안 감으로만 알고 있었던 자신의 실패

요인을 객관적으로 파악할 수 있다.

3단계 **개선점 파악하기**

앞에서 분석한 오답 요인을 바탕으로 앞으로 어떻게 공부해야 문제점을 극복할 수 있는지 적는다. 예를 들면 '문제의 물음을 처음부터 끝까지 꼼꼼히 읽는 습관을 들이고, '모두', '~하지 않은'과 같은 표현에 특히 유의하며 이 단어가 나오면 밑줄을 치자'와 같이 개선점을 작성할 수 있다.

4단계 **시험 유형 분석하기**

문제 수, 객관식·단답형·주관식의 비율, 문제 유형별 난이도, 독특했던 문제 유형 등 각 과목 시험의 전반적인 스타일을 분석하여 적는다. 이번 시험의 내용과 유형 등을 모두 꼼꼼히 살펴보고 정리하는 동시에 다음 시험에서 더 좋은 성적을 받기 위해 앞으로 대비해야 할 방향을 정한다.

5단계 **외적인 실패 요소 찾기**

지금까지 시험지를 기반으로 분석했다면 최종 단계에서

① 학습의 기술

② 계획의 기술

③ 문제 풀이의 기술

④ 암기의 기술

⑤ 시험 돌파의 기술

⑥ 입시 전략의 기술

는 그 외의 조건을 살펴보며 보완할 점을 고민해야 한다. 시험 성적에 가장 큰 영향을 미치는 건 그동안 열심히 쌓아온 공부 실력이다. 그러나 시험 당일 몸 상태는 괜찮았는지, 직전 시간의 시험을 잘 못 보는 바람에 연쇄적으로 다음 과목 시험에도 집중하지 못했는지 등의 외적인 요소도 시험 성적을 결정하는 중요한 요소이다.

혹시 이번 시험에 악영향을 미친 요소가 있었는지를 고민해 보고, 그 문제를 해결하려면 어떤 노력이 필요한지 해결책을 모색한다. 예를 들어 너무 긴장해서 아는 문제를 실수로 틀렸다면 '시간을 재면서 실전 연습 3회 이상 하기'와 같은 해결 방안을 노트에 적는다. 정리만 해놓고 다시 읽으며 마음속에 새기지 않으면 아무런 의미가 없다. 지금까지 살펴본 5단계 시험지 분석법에 따라 노트에 필기하고, 다음 시험의 계획을 세우기 전에 읽어라. 이후의 시험을 준비하기 전에 이전 시험 분석 결과를 읽고 대비하면 성적은 반드시 오른다.

< 국어 >

1. 난이도 평가 ★ ★ ★ ★ ☆

2. 틀린 문제 분석

[객8] 실수 : '모두 고르시오'를 '고르시오'로 착각함. 문제 자체를 꼼꼼히 읽는 습관이 걸여

[객13] 개념부족 : 반어법 vs 역설법 개념이 부족했음. 범위 내 문학 개념어 공부가 부족했음

[주4-①] 시간부족 : 주관식 문제들 중 40~50자 되는 긴 답안을 요구하는 문제가 있을
수 있다는 걸 몰랐음. 한 바퀴째 풀 때 시간을 너무 많이 써서 이때 시간이
절대적으로 부족했음

[객2] 개념부족 : 교과서에 필기를 완벽히 외우지 않아서 틀림. 어떤 상징을 갖는
시어를 체크해야 했는데 2개 중 애매해서 찍음. 틀림

3. 앞으로의 공부 방향

★ 문제를 처음부터 끝까지 꼼꼼히 읽는 습관을 들이자. 그리고 '모두'의 유무, '많은'의 유무
에 특히 주의하자. 이 단어들이 나오면 밑줄긋자.

★ 반어법 vs 역설법 개념 공부 완벽히 하자. 범위 내 개념어는 무조건 참고서 + 네이버
검색으로 정복하자.

★ 40분 내엔 딱 한 번 풀자. 시간 너무 오래 걸리는 건 ☆표 치고 PASS !

★ 교과서 필기내용은 기본 중의 기본이다. 딱 문제로 나오면 딱 튀어나오도록
철저히 암기하자.

4. 시험 스타일

- 문제수 : (객)23 (주)5 (서)5   70% : 15% : 15% 일부 객관식. 서술형문제가 고난도.
- SOURCE : 교과서 프린트. 교과서 필기. 교과서+필기가 훨씬 중요.
- 특징 : 무난한 편이나 컬러 문제에서 외부지문 (수특/기출) 등장하기도 함. 섬세한 개념 요구.
- 코멘트 : 내 노력 부족이 젤 컸다. 3번만 잘 실행하면 무난히 90점대 가능.

5. 공부 외적인 실패요소

- 너무 긴장해서 집중도 저하. ⇒ 시간 재고 실전연습 3회 이상.
- 학교에 너무 간당간당하게 와서 정신 없었음 ⇒ 시험 시작 1시간 전엔 오자.

① 학습의 기술
② 계획의 기술
③ 문제풀이의 기술
④ 암기의 기술
⑤ 시험풀이의 기술
⑥ 입시 전략의 기술

6

입시 전략의 기술

3년 공부 로드맵이
합격까지 안내한다

한 번도 와본 적 없는 낯선 땅에 홀로 뚝 떨어졌다고 상상해 보자. 여러분은 그곳에서 나가는 출구를 찾아야 한다. 아무도 없는 황량한 그곳에는 수많은 길이 구불구불 나 있다. 두려운 마음으로 발걸음을 재촉해 보지만 내가 잘 가고 있는지 답답하고 불안하다. 아무리 걷고 걸어도 내가 어디쯤 온 건지 알 수가 없으니 자꾸만 뒤를 돌아보게 된다. 계속 걸어도 제자리걸음을 하는 듯하다. 지친 마음에 출구 찾기를 포기하고 싶어지기까지 한다.

그런데 짠! 여러분에게 지도가 생겼다. 나의 위치가 어디인지, 목적지는 어디인지 지도에 정확하게 표시되어 있다. 그러면 현재 위치에서 목적지까지 가는 길을 펜으로 표시하여 목적지까지 최단거리로 갈 수 있다. 지도를 보며 걷는 걸음은 확신에 차 있다. 내가 어느 방향으로 가야 할지를 잘 알고 있으니까. 지도만 있으면 목적지를 향하는 그 길이 두렵지 않다. 지도가 나의 길잡이가 되어주기 때문이다.

3년간의 장기 레이스인 입시도 이와 비슷하다. 내신과 수능을 모두 완벽하게 대비해서 원하는 대학에 가는 것이 이 경주의 목적이다. 그런데 3년이란 긴 시간을 아무런 장기 계획 없이 보내는 것은 지도 없이 길을 걷는 방랑자와 같다. 전체적인 공부의 흐름을 구상해 놓아야 하루하루 공부를 해나갈 때도 흔들림 없이 확신을 가지고 공부할 수 있다. 그리고 매일 공부하면서도 내가 지금 어느 단계에 와 있는지 구체적으로 알 수 있다.

3년간의 공부 로드맵을 짜는 것은 입시 성공의 지름길이다. 1학년·2학년·3학년 과목별로 어떤 목표를 가지고 공부

① 학습의 기술
② 계획의 기술
③ 문제 풀이의 기술
④ 암기의 기술
⑤ 시험 출제의 기술
⑥ 입시 전략의 기술

할 것인지 장기적인 계획을 세워두어라. 그러면 이를 바탕으로 세부 계획을 세우게 되어 훨씬 체계적으로 학습할 수 있게 된다. 아울러 내가 하는 공부에 불안감이나 초조함 없이 자신감 있게 공부할 수 있다. 지금부터 예비 고1부터 고3까지 학년별 공부 로드맵을 제시할 테니 이에 따라 자신만의 공부 로드맵을 세워보자.

국어 세분화되는 개념에 미리 익숙해진다

예비 고1 시기는 고등학교 입학을 대비하는 데 주력해야 할 중요한 때다. 그동안 중학교 과정에서 배운 지식에서 난도부터 영역까지 더 심화되고 새로워지는 만큼, 고등 국어의 기초를 쌓으며 대비해 두어야 한다. 문학, 독서, 언어와 매체, 화법과 작문 등 4가지 영역으로 구분되는 국어 과목 중 예비 고1이 가장 중점적으로 공부해야 하는 영역은 공통

과목인 문학과 독서다. 선택 과목인 언어와 매체, 화법과 작문은 고등학생이 된 다음 어떤 과목을 선택할지 정하고 나서 공부를 시작하면 된다.

EBS에 보석 같은 강의가 있다. 바로 윤혜정 선생님의 「개념의 나비효과」이다. 이 강의를 차근차근 들으면 고등 국어 전반에 필요한 기초 지식을 체계적으로 쌓아나갈 수 있다. 예비 고1은 이 강의로 국어 공부의 첫발을 떼기를 추천한다.

개념을 어느 정도 익혔다면 모의고사 지문을 쉬운 난이도부터 조금씩 접해보면서 글 읽는 습관을 들인다. 고등학교 때 처음으로 치르게 되는 모의고사라는 생소한 시험 유형에 익숙해지기 위함이다. 나는 이 시기에 『예비 매3비』와 『예비 매3문』을 풀면서 모의고사 지문을 익혔다. 『자이스토리 전국연합 모의고사 고1 국어』나 『마더텅 전국연합 학력평가 기출문제집 고1 국어』에도 다양한 모의고사 기출문제가 수록되어 있어 예비 고1 시기에 살펴보기 좋다.

수학 고1 개념까지 선행해 둔다

고등 수학은 중학 수학에 비해 난도가 훨씬 높고 양이 방

①학습의 기술

②계획의 기술

③문제 풀이의 기술

④암기의 기술

⑤시험 돌파의 기술

⑥입시 전략의 기술

대하기 때문에 선행학습이 필요하다. 나는 '1년 선행'을 강조한다. 물론 여유가 된다면 더 앞선 진도까지 선행해 두어도 괜찮지만, 적어도 1년은 미리 익혀두어야 한다. 예비 고1이라면 고1 때 배우는 고등 수학(상), (하)의 학습 내용을 반드시 선행해야 한다.

수학은 처음부터 교재로 독학하면 오개념이 생기기 쉽다. 이에 먼저 인터넷 강의를 통해 개념을 학습한 다음『개념원리』,『신사고 개념쎈』,『신 수학의 바이블』과 같은 개념서를 풀어보는 것을 추천한다. 그 후『쎈』,『개념원리 RPM』등의 유형서를 풀며 기본적인 문제 유형들을 다지면 보다 정확한 개념을 확실히 익히는 데 도움이 된다.

선행 속도가 빠르다면 예비 고1 시기에 수학 I까지 선행해 놓으면 좋다. 하지만 그 이상은 굳이 권장하지 않는다. 선행을 많이 해놓아도 막상 고등학교에 올라가면 어느새 잊게 되는 부분이 많기 때문이다. 그러니 다른 과목까지 완벽하게 대비해 놓은 상태가 아니라면 수학 선행을 무리해서 많이 나갈 필요가 없다. 그 시간에 다른 과목 공부를 하라. 선행에서 중요한 건 속도보다 깊이다. 개념 하나하나를 꼭꼭 씹으며 제대로 선행해야 한다. 그래야 시간과 노력을 들여 선행한 의미가 있다.

무엇보다 '고등 수학을 선행한다'라는 말의 전제는 중학 수학을 완벽히 이해하고 있다는 것임을 명심하라. 만약 중학 수학 개념이 아직 부족하다면 고등 수학을 선행하기 전에 중학 수학을 복습하는 것이 먼저다. 이전에 공부한 수학 교과서나 개념서를 다시 꺼내 읽으며 개념을 보완한다. 이때는 확실히 아는 개념은 넘어가고, 헷갈리거나 모르는 개념만 다시 공부하면 된다. 그다음 기본 유형서의 문제들을 풀어보며 개념을 적용하고 실전 연습을 하자.

영어 기초를 탄탄히 다진다

고등 영어는 단어, 구문, 문법, 독해, 듣기 등 5가지 영역으로 세분화하여 공부해야 한다. 이 중에서 가장 기본이 되는 건 단어다. 당연한 말이지만, 단어를 모르면 문장 해석이 안 된다. 고등학교 영어 공부를 시작한다면 단어부터 외우는 것이 시작점이다. 자신의 수준에 맞는 영어 단어장을 선택하여 암기하면 된다. 그동안 중학 영어를 무리 없이 소화해 왔다면 『워드마스터 수능 2000』 단어장으로 수능 핵심 단어 2000개를 외워보길 권한다. 그리고 영단어는 하나의 어원만 알아도 10개의 단어를 유추할 수 있으므로, 『능률 VOCA 어원 편』으로 어원 공부를 하라.

다음으로 영어 구문은 『천일문 기본』으로 시작하기를 권한다. 고등 교과서와 수능, 모의고사에 나오는 1001개의 문장이 수록되어 있어 구문 개념을 체계적으로 학습하는 데 용이하다. 또한 영어 문법은 중학 문법을 제대로 다진 후 고등 문법으로 넘어가야 한다. 만약 중학 영문법 실력이 부족하다면 『중학영문법 3800제』로 기반을 다지고 고등 영문법 교재인 『그래머존 기본 편』이나 『고교영문법 3300제』 등으로 심화해 나간다. 모든 영문법 개념을 책으로 완벽히 이해하기는 어려우므로 인터넷 강의를 들으며 이해하는 것도 도움이 된다. 고등 영어에 필요한 모든 문법 개념을 짜임새 있게 알려주는 EBS 로즈리 선생님의 「Grammar Holic」을 추천한다.

단어와 구문, 문법 공부로 기반을 다졌다면 이제 독해에 들어갈 차례다. 본인 수준에 맞는 독해 교재를 선정하여 다양한 지문을 접해본다. 일반적으로 고1 모의고사 기출문제집이면 적당하나, 만약 고1 지문의 난도가 자신에게 너무 높게 느껴진다면 중학 수준의 교재를, 반대로 너무 쉽게 느껴진다면 고2 또는 고3 기출문제집을 풀면 된다.

예비 고1 때는 독해 공부까지만 해두어도 무난하지만 혹시 시간 여유가 있다면 듣기 공부를 조금씩 해두는 것도 좋다. 듣기 공부가 처음이라면 『마더텅 100% 실전대비 MP3 중학영어듣기 24회 모의고사』를 풀면서 문제 유형에 익숙해지자.

탐구 개념의 흐름을 파악한다

예비 고1의 경우 탐구 과목의 선행이 필수는 아니다. 주요 과목인 국영수 공부에 더 집중해야 한다. 그런데 국영수 공부가 이미 어느 정도 수준 이상이 되었거나 최상위권을 목표로 한다면 탐구 과목까지 선행하라.

고1 때는 모든 학생이 공통과목으로 '통합과학'과 '통합사회'를 수강하나 고2 때부터는 자신이 선택한 전공 계열에 따라 자연 계열은 과학탐구를, 인문사회 계열은 사회탐구를 수강하게 된다. 따라서 예비 고1 시기에 탐구 과목을 선행하고자 한다면 통합과학과 통합사회를 공부해 두면 된다.

먼저 통합과학은 고2 때 배울 물리학Ⅰ, 화학Ⅰ, 생명과학Ⅰ, 지구과학Ⅰ의 내용을 맛보기로 모두 배우는 과목이라 생각하면 된다. 고1 수준까지만 선행하고 싶다면 통합과학 인터넷 강의를 들으며 개념을 꼼꼼하게 학습하고 개념서 한 권을 푸는 정도로 준비하면 충분하다. 만약 고2 수준까지 선행하고 싶다면 Ⅰ과목 중 한두 과목을 선행하라. 과목별 난이도는 물리학Ⅰ > 화학Ⅰ > 생명과학Ⅰ > 지구과학Ⅰ이니 가장 어려운 수준의 과목부터 살펴보기를 추천한다.

통합사회는 난도가 낮은 편이어서 굳이 선행학습을 할 필요는 없다. 그리고 고2 때 인문사회 계열을 선택해 사회탐구를 수강할 계획이어도 이 시기엔 사회탐구를 예습하지 않아도 된다. 사회탐구 과목에는 경제, 정치와 법, 사회·문화, 한국지리, 세계지리, 생활과 윤리, 윤리와 사상, 동아시아사, 세계사 등이 있다. 예비 고1 때까지는 특정 과목을 깊이 학습하기보다는 사회 과목 자체에 대한 분위기를 파악하는 정도로 공부해 두면 충분하다.

공부 로드맵

고1 1학기

국어 **각 세부 영역의 뿌리를 만든다**

고1이 되면 본격적으로 문학, 독서 영역을 공부한다. 문학의 갈래는 고전시가, 고전소설, 현대시, 현대소설과 같이 4가지로 나뉜다. 한 번에 모든 갈래를 꼼꼼히 살펴보고 공부하기는 어려우니 상대적으로 현재 자신의 실력이 부족한 한두 갈래를 선택하여 집중적으로 공부한다. 『해법 문학』시리즈는 갈래별로 주요 작품을 공부할 수 있도록 구성되어 있어 이 교재를 기반으로 문학을 집중적으로 학습하기를 추천한다.

독서 영역은 인터넷 강의나 『나쁜국어 독해기술』과 같은 독서 자습서로 개념을 공부하라. 이를 통해 글의 구조와 전개 방식을 파악하는 법과 글 전체를 읽고 구조화하는 법, 문장을 읽고 핵심을 추출하는 법 등을 익혀두자. 개념 학습을 마쳤다면 고1~고2 기출문제집을 매일 3개 지문 이상 풀고 모든 지문을 꼼꼼히 분석한다. 글의 구조, 문단별 주제, 글

①학습의 기술 ②계획의 기술 ③문제 풀이의 기술 ④암기의 기술 ⑤시험 준비의 기술 ⑥입시 전략의 기술

의 핵심 주장을 직접 정리하고 답지와 비교 및 첨삭하면서 올바른 독서 지문 독해법을 익혀나간다.

수학 선행과 복습을 함께한다

고1 시기의 수학 선행 진도 역시 예비 고1 때와 마찬가지로 1년이 가장 바람직하다. 따라서 고1 1학기에는 고2 1학기에 배우는 내용까지 선행하면 된다. 학교마다 수학 교육과정이 다르므로 각자의 학교에서 2학년 1학기와 2학기에 어느 과목들을 배우는지 파악해 두자. 고1 시기에도 이전처럼 인터넷 강의나 개념서로 개념을 우선 잡은 다음, 유형서를 한 권 풀면서 문제들의 출제 유형을 익힌다. 만약 고등 수학 (상) 개념이 부족한 상태라면 먼저 복습하고 넘어간다. 현재 부족한 부분을 꼼꼼하게 확인하고 보완해야 한다. 개념을 익힌 다음 점차 고난도 문제를 풀면서 심화한다.

영어 독해 실력의 토대를 마련한다

매일 최소 50개 이상의 영단어를 암기하자. 수능 영단어장 중 자신의 수준에 맞는 영단어장을 골라 외우면 되는데,

『워드마스터 수능 2000』을 아직 완료하지 못했다면 이 단어장부터 모두 외운 다음 고난도 영단어장으로 넘어가라. 단어 암기를 할 때는 누적 복습하는 것을 잊지 말자. 구체적인 단어 암기 방법은 PART 3의 '외우기 싫어도 외워지는 영단어 암기의 5단계'를 참고하라.

영단어와 함께 구문, 문법 개념도 확실하게 잡자. 인터넷 강의를 듣는 것도 도움이 많이 되며, 교재로 학습할 경우 구문은 『천일문 핵심』까지 공부하기를 추천한다. 문법은 『그래머존 기본 편』을 마스터한 후 기출문제를 풀면서 부족한 개념을 퍼즐 맞추듯 채워나간다.

또한 고1~2 영어 기출문제집을 풀면서 독해에 익숙해져야 한다. 문제를 풀면서 모르거나 헷갈리는 단어나 구문, 문법 개념이 있다면 해설지를 읽어보며 해당 부분을 완벽하게 익힌다. 그리고 지문을 분석하면서 글의 도입부는 어떻게 시작되는지, 글의 전개는 어떠한지, 이 글의 핵심 키워드와 핵심 문장은 무엇인지 파악한다. 이렇게 꼼꼼히 지문을 분석하면서 영어 독해에 익숙해져라.

만약 영어 듣기 실력이 부족한 편이라면 일주일에 한 번씩 듣기 문제를 풀며 영어 듣기가 귀에 익도록 한다. 문제를 풀고 스크립트를 꼼꼼히 읽으며 안 들린 표현은 귀가 트일 때까지 반복해서 듣는다.

탐구 전체 개념을 잡는다

먼저 2학기 탐구 과목을 대비한다. 통합사회는 선행학습을 필수로 하지 않아도 되지만, 통합과학은 선행학습하기를 추천한다. 그렇지만 이미 과학탐구 I 과목들을 완벽히 선행한 상태라면 통합과학 공부는 하지 않아도 된다.

자연 계열을 선택해 과학탐구를 수강할 계획이라면 고2 1학기 때 배울 I 과목을 미리 학습하라. 학교마다 수강하는 과목이 다르니 미리 확인하자. 인터넷 강의를 듣거나 개념서를 풀면서 전체 개념을 잡고 문제를 풀자. 『완자 고등』이나 『오투 고등』 등의 개념서를 푼 다음 『자이스토리』, 『마더텅 수능기출문제집』 등의 기출문제집을 풀면서 심화 학습한다.

공부 로드맵
고1 2학기

①학습의 기술

②계획의 기술

③문제 풀이의 기술

④암기의 기술

⑤시험 돌파의 기술

⑥입시 전략의 기술

국어 문학, 독서의 뼈대를 견고히 한다

학교마다 차이가 있으나 일반적으로 2학년 1학기에 '문학', 2학기에 '독서'를 배운다. 내신 공부는 암기가 중요하지만 수능 국어 기초를 다져놓아야 최상위권에 진입할 수 있다. 따라서 고2를 앞둔 이 시기에는 문학과 독서의 개념을 탄탄하게 다져야 한다.

『해법 문학』 시리즈 중 아직 풀지 않은 영역이 있다면 이 시기에 모두 완료한다. 또한 문학 개념어도 꼼꼼히 정리해 두자. 문학 개념어가 제대로 정립되어 있지 않으면 1등급을 받기가 어렵기 때문이다. 인터넷 강의를 듣거나 『문학 개념어와 논리적 해석』과 같은 교재를 활용하여 각종 표현법이나 서술상의 특징 등 문학 개념어를 공부해 두자. 독서도 마찬가지로 인터넷 강의를 듣거나 『나쁜국어 독해기술』 등의 개념서로 주요 개념을 공부한 다음 기출문제집을 풀며 실전 연습을 한다.

또한 국어 과목의 선택과목인 언어와 매체·화법과 작문 중 어느 과목을 선택할지 고민해 보고, 언어와 매체를 선택할 생각이라면 문법 개념도 가볍게 공부를 시작한다.

수학 수학Ⅱ까지 완벽히 익힌다

고2 때 배울 수학Ⅰ과 수학Ⅱ의 내용을 미리 살펴보고 익힌다. 선행 속도가 느리다면 수학Ⅰ까지만이라도 제대로 선행하라. 개념 강의를 듣고, 개념서를 풀고, 유형서를 푸는 단계로 심화해 나가야 한다. 이런 절차로 공부를 완료했으면 기출문제를 푸는 단계로 넘어간다. 각자의 교육과정에 따라 확률과 통계, 미적분, 기하 등의 과목을 2학년 때 함께 배운다면 해당 과목의 개념 공부도 병행한다.

영어 문법, 구문 개념을 확실히 채운다

수능 영단어장의 단어와 함께 기출문제를 풀면서 접한 새로운 단어들을 매일 모두 암기한다. 문법과 구문의 개념이 부족하다면 이 시기에 빠르게 개념을 채워야 한다. 문법은 『그래머존 기본 편』까지 마스터하는 것이 좋다. 구문은

『천일문 완성』까지 살펴보기를 추천한다. 그 후 고2~고3 기출문제집을 풀며 독해 실력을 쌓고, 지문에서 새로운 구문이나 문법 개념을 접하면 따로 정리한다. 평소 모의고사의 듣기 영역에서 한 문제라도 틀린다면 이 시기에 듣기 실력도 완벽히 잡는다. 주 1~2회씩 고3 영어듣기 기출문제집을 풀면서 귀에 익힌다.

탐구 본격적인 탐구 과목 공부를 대비한다

고2 때부터 탐구 과목을 본격적으로 배우게 되므로 확실하게 대비해야 한다. 과학탐구의 경우 1~2학기 때 배울 Ⅰ과목을 선행한다. 인터넷 강의로 개념 설명을 듣고, 개념서를 풀어보며 개념을 제대로 이해했는지 확인한다. 그 후 인터넷 강의 교재나 기출문제집으로 본격적인 문제 풀이를 시작한다.

사회탐구에서 경제·정치와 법 영역은 대표적인 고난도 과목이다. 자신의 선택과목이 난도가 어느 정도 있는 편이라면 이때부터 미리 공부를 시작하는 게 바람직하다. 인터넷 강의로 개념을 잡고 문제를 풀면서 내용을 익힌다.

①학습의 기술

②계획의 기술

③문제 풀이의 기술

④암기의 기술

⑤시험 듣기의 기술

⑥입시 전략의 기술

고2 1학기

국어 영역별 개념을 촘촘히 정립한다

이 시기에는 앞서 언급한 국어 영역별 개념이 모두 머릿속에 정립되어 있어야 한다. 문학에서는 문학 개념어 정리가 잘 되어 있는지, 갈래별 특징을 잘 알고 있는지 파악하라. 특히 고전문학에서는 새로운 작품을 접했을 때 그 작품의 내용을 곧잘 해석할 수 있는지 점검하자. 독서의 경우 글의 구조에는 무엇이 있고 구조별 특징은 무엇인지 설명할 수 있어야 한다. 독서 지문을 접했을 때 이 글의 구조와 전개 방식이 어떠한지, 핵심 내용이 무엇인지 곧바로 정확히 파악할 수 있어야 한다. 이러한 수준까지 아직 도달하지 못했다면 부족한 개념을 공부한다. 모든 국어 영역의 개념이 전반적으로 잘 정립되어 있다면 이제 문제 풀이와 기출문제 분석을 중심으로 공부한다.

언어와 매체·화법과 작문 중 어느 과목을 선택할 것인지 정하고, 해당 과목의 개념을 학습한다. 언어와 매체는 문법 개념이 까다로우니 개념을 꼼꼼히 정립하자. 화법과 작문은 개념이 훨씬 적지만 그래도 꼭 알아두어야 하는 개념들이 있다. 개념을 빠르게 익힌 후 기출문제를 많이 풀면서 실전 감각을 쌓아라.

수학 구멍 난 개념의 빈틈을 메운다

그동안 배운 수학 개념에 빈틈이 있다면 다시 복습한다. 본래 학습 진도까지 개념을 잘 알고 있다면 고2 2학기에 배우는 수학Ⅱ 내용을 미리 살펴보고 익힌다. 개념 학습 후 유형서, 기출문제집을 순차적으로 풀며 실전 감각을 쌓는다. 학교의 교육과정에 따라 2학기 때 다른 과목을 함께 배운다면 해당 과목 또한 개념부터 문제 풀이까지 확실히 잡는다. 고3 때 배우는 과목 중에서 상대평가인 과목은 선행학습을 하면 좋다. 절대평가인 과목은 성적을 잘 받기가 수월하므로 상대평가 과목에 비해 가볍게 접근해도 된다.

영어 독해력 향상에 박차를 가한다

독해 공부에 중점을 두고 모의고사 문제 유형별로 자신

만의 풀이 방법을 정립해 나간다. 시험에서 본인이 자주 틀리는 문제 유형이 분명 있을 것이다. 해당 유형 정복을 최우선 목표로 삼는다. 인터넷 강의를 통해 유형별 풀이법을 익힌 다음 직접 문제를 풀면서 그 방법을 적용하고 자신만의 독해법을 완성하라. 기출문제를 모두 한 번씩 풀었다면 사설 N제를 푼다.

탐구 개념 학습과 적용을 반복한다

2학기에 내신에서 배우는 과목들을 미리 살펴보고 공부한다. 과학탐구는 인터넷 강의를 들으며 개념을 학습하고 개념서를 풀며 실전 감각을 익힌다. 여유가 된다면 기출문제도 풀어보는 것을 추천한다. 이미 개념 학습이 충분히 이루어진 상태라면 고3 1학기 때 배울 Ⅱ과목을 선행한다. 사회탐구도 마찬가지로 인터넷 강의를 들으면서 개념을 훑는다. 마지막으로 이 시기에는 수능에서 자신이 어떤 선택과목을 고를지 고민하고, 앞으로의 학습을 대비한다.

국어 **정확한 문제 풀이 전략을 익힌다**

이 시기부터 시간을 재고 문제를 풀면서 주어진 시간 안에 정확하고 효율적으로 독해하는 실력을 기른다. 또한 매일 문학과 독서 지문을 5개 이상 풀면서 글의 구조와 특징을 파악하고 어느 부분이 문제화되었는지, 그리고 왜 그 내용이 문제화되었는지 고민해 봄으로써 출제자의 입장에서 사고하는 훈련을 한다. 특히 겨울방학에 출시되는 『EBS 수능특강 문학』을 꼭 풀어보자. 모든 수능특강 교재를 풀 필요는 없지만, 문학은 2023학년도 수능에서도 체감 연계율이 높았던 만큼 꼭 풀고 넘어가기를 바란다.

언어와 매체 선택자는 꼼꼼히 정리한 개념을 바탕으로 기출문제를 푼다. '이 문제의 답이 왜 이것일까?' 하며 근거를 확실하게 따져본 뒤 정확하게 답을 고르는 훈련을 한다. 화법과 작문 선택자는 최대한 기출문제를 많이 풀어보며 문제 풀이 전략을 익힌다.

수학 약점을 보완하며 완벽히 마스터한다

고3 내신 때 볼 과목을 선행한다. 계열에 따라 다른데, 보통 인문사회 계열은 확률과 통계나 경제수학을, 자연 계열은 미적분이나 기하를 수강한다. 이 중 상대평가 과목은 개념 학습과 문제 풀이까지 확실하게 끝낸다. 절대평가 과목은 공부하기 조금 더 수월하지만 개념은 한번 훑고 가는 것도 좋다.

수능 공통과목과 자신이 선택할 선택과목을 집중적으로 공부한다. 기출문제를 씹어 먹을 정도로 여러 번 풀고 마스터한다. 취약한 유형은 오답 정리를 하고 반복적으로 문제를 풀어보며 정복한다. 만약 이전에 배운 개념을 잊어버렸다면 방학 동안 개념서를 다시 정독하며 복습한다.

영어 최신 기출문제를 집중적으로 파고든다

기출문제를 매일 최소 5개 지문 이상 풀고 분석한다. 몰랐던 단어와 구문, 문법을 정리하고 필기한다. 특히 자신이 취약한 유형은 집중적으로 학습한다. 어느 정도 실력이 쌓였으면 시간을 재면서 문제를 푼다. 지문을 주어진 시간 안에 정확하게 풀어내는 연습을 하는 것이다.

탐구 개념을 완벽히 익히고 기출문제를 정복한다

3학년 내신으로 배우는 과목을 선행한다. 인터넷 강의를 들으며 개념을 정확히 이해하고 개념서 한 권을 푼다. 그리고 수능에서 선택할 두 탐구 과목의 개념을 반드시 1회독해야 한다. 방학 안에 개념을 싹 정리해 둔다는 마음가짐으로 준비해야 한다. 3학년 내신 과목과 수능 볼 과목이 다르면 공부할 양이 정말 많아진다. 그러니 시간 분배를 현명하게하라. 수능을 볼 두 과목은 개념을 잡은 후 미친 듯이 기출문제를 풀고 또 풀자.

공부 로드맵
고3

국어 정확성과 속도를 모두 잡는다

고3은 본격적으로 수능에 주력해야 할 시기다. 인생에서 가장 열심히 공부해야 할 때다. 말 그대로 미친 듯이 공부해야 한다. 국어는 탄탄히 다져진 개념을 바탕으로 기출문제를 푸는 데 집중한다.

기출문제를 풀면서 중요한 건 '분석'이다. 문학은 지문과 문학 개념을 연결 지으며 사고해야 한다. 개념별로 기출문제에서 어떤 식으로 출제되었는지, 어디까지가 이 개념에 해당되고 어느 건 그렇지 않은지 정확하게 설명할 수 있어야 한다. 개념의 확실한 영역을 머릿속에 구축하는 것이다. 예를 들어 '말을 건네는 방식'이라고 하면, 기출문제 선지들을 통해서 '아, 청자가 나타나거나 또는 나타나지 않더라도 명령형·청유형·상대 높임을 사용하면 '말을 건네는 방식'에 해당되는구나'라는 개념을 익힌다.

독서는 글의 구조를 정확히 파악하면서 복잡하고 긴 글 속에서 핵심 정보를 빠르게 추출하는 능력을 길러야 한다. 그리고 일주일에 한 번씩 모의고사 1회를 실제 시험 시간만큼 시간을 재고 풀어보아라. 실전 감각을 쌓는 것은 물론 시험 행동 강령도 세울 수 있다.

수학 기출문제와 N제로 나만의 알고리즘을 만든다

인터넷 강의를 듣는다면 강의 커리큘럼을 따라 부지런히 공부하고 기출문제와 N제를 집중적으로 푼다. 기출문제에서 기존의 아이디어를 얻고, N제에서 새로운 아이디어를 얻는다. 틀린 문제나 시간이 오래 걸린 문제는 회를 치듯이 그 이유와 정확한 풀이 과정을 자세히 분석한다.

수학 개념마다 정확한 정의와 공식 등을 완벽하게 익히고 문제를 풀 때 나만의 알고리즘을 수립한다. 수학도 일주일에 한 번씩 모의고사 1회를 시간을 재고 풀면서 실전 감각을 끌어올린다.

영어 문제 풀이에 집중하며 실전 감각을 키운다

그동안 공부해 왔던 것처럼 문제를 풀며 모르는 단어와 구문, 문법을 함께 정리하고 다시 익힌다. 틀린 문제는 오답의 이유를 분석하고 해설지를 정독하며 다시 보완해야 할 개념으로 돌아가 복습한다. 일주일에 한 번씩 모의고사 1회를 시간을 재고 풀면서 실제 시험에서 시간을 효율적으로 분배하는 연습을 하자.

탐구 **다양한 문제 유형에 익숙해진다**

수능 볼 두 과목이 아직 제대로 개념 정리가 안 되었다면 빠르게 끝낸다. 헷갈리는 개념 위주로 정확하게 다시 살펴보며 익히고, 기출문제를 풀면서 개념을 적용해 본다. 기출문제를 충분히 풀었다면 사설 교재를 풀면서 다양한 문제 유형에 익숙해져라. 일주일에 한 번씩 모의고사 한 회를 시간을 재면서 풀어보고 현장 감각을 키우자.

		국어	수학	영어	탐구
예비 고1		세분화되는 개념에 미리 익숙해지기	고1 개념까지 선행하기	기초 탄탄히 다지기	개념의 흐름 파악하기
고1	1학기	각 세부 영역의 뿌리 만들기	선행과 복습 함께하기	독해 실력의 토대 마련하기	전체 개념 잡기
	2학기	문학, 독서의 뼈대 견고히 하기	수학Ⅱ까지 완벽히 익히기	문법, 구문 개념 확실히 채우기	본격적인 탐구 과목 공부 대비하기
고2	1학기	영역별 개념 촘촘히 정립하기	구멍 난 개념의 빈틈 메우기	독해력 향상에 박차 가하기	개념 학습과 적용 반복하기
	2학기	정확한 문제 풀이 전략 익히기	약점 보완하며 완벽히 마스터하기	최신 기출문제를 집중적으로 파고들기	개념을 완벽히 익히고 기출문제 정복하기
고3		정확성과 속도 모두 잡기	기출문제와 N제로 나만의 알고리즘 만들기	문제 풀이에 집중하며 실전 감각 키우기	다양한 문제 유형에 익숙해지기

고등 3년 공부 로드맵

① 학습의 기술

② 계획의 기술

③ 문제 풀이의 기술

④ 암기의 기술

⑤ 시험 관리의 기술

⑥ 입시 전략의 기술

PART
03

상위 1% 서울대생의
과목별 비밀 특강

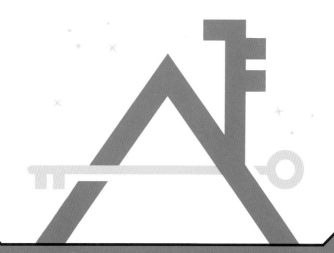

개념을 뼈대 삼아
사고를 확장한다

국어 공부의 첫걸음은
'개념'이다

국어는 다른 과목에 비해 접근하기 쉬운 과목이다. 수학은 숫자로, 영어는 영어로 적혀 있어서 문제를 읽는 것조차 버거울 때도 있다. 하지만 국어는 모국어이지 않은가? 아무리 긴 지문이어도 천천히 여러 번 읽다 보면 얼추 이해는 된다. 그래서 초심자들은 국어를 쉽게 보고 무작정 문제부터 풀기 시작한다. 모의고사 기출문제나 비교적 쉬운 문제집부터 꾸준히 풀다 보면 실력이 쌓이고 성적이 오를 것이라 기대하기 때문이다. 하지만 매일 문제를 풀고 해설을 보는 과정을 반복하면서 '정말 실력이 늘고 있는 건가?' 하는 의문이 점점 든다. 많은 학생이 국어 공부를 잘못된 방향으로 접근하며 생기는 시행착오다.

국어는 반드시 개념 공부가 선행되어야 한다. 무작정 문제를 풀어나갈 것이 아니라 문학, 독서, 화법과 작문(또는 언어와 매체)이라는 각 분야에 필요한 개념을 확실히 잡아야 한다. 기본 개념을 먼저 이해하고 학습한 다음, 이를 문제에 적용하며 실전 감각을 익히고 문제 풀이 전략을 세우는 것이 올바른 순서다. 국어 과목에 등장하는 용어나 배경지식이 제대로 잡히지 않은 상태에서는 아무리 많은 문제를 풀어도 실력이 늘지 않는다. 여기서는 국어의 각 영역에 필요한 기본 개념을 익히기에 좋은 강의와 기본서를 몇 가지 추천하려 한다.

우선 국어 전반에 대한 개념을 학습하는 강의로는 EBS 윤혜정 선생님의 「개념의 나비효과」를 추천한다. 문학, 독서, 언어와 매체, 화법과 작문 영역의 기본기를 탄탄하게 다질 수 있다. 입문 편 강의도 따로 마련되어 있어 국어 과목을 공부하는 데 필요한 개념들을 하나씩 짚어가며 익힐 수 있다. 문학 교재로는 『해법 문학』 시리즈가 고전 시가, 고전 산문, 현대 시, 현대 소설, 수필·극으로 구성을 나누어 다양한 문학 작품의 시대별 흐름과 주요 주제 등을 잘 정리하고 있어 각 작품을 폭넓게 파악할 수 있다.

문학의 기초 개념을 익힌 후에 보면 좋은 교재는 『문학 개념어와 논리적 해석』이다. 문학이라는 장르 자체에 대해 심도 있게 이해할 수 있으며 문학의 각 개념어를 구체적이고 깊이 있게 학습할 수 있다. 다만 난도가 조금 높은 편이니 국어 공부를 어느 정도 한 다음 살펴보기를 추천한다.

독서는 『나쁜국어 독해기술』을 통해 글을 읽는 기본적인 자세를 익히면 좋다. 비문학 글의 구조나 전개 방식 등을 예리하게 분석해 두었다. 화법과 작문은 개념의 양이 많지 않아서 시중에 있는 얇은 개념서 한 권 정도만 보면 충분하다. 언어와 매체에서는 문법 개념의 난도가 꽤 높은 편인데, 문법 영역은 『개념 있는 국어 문법』에 개념이 백과사전식으로 쉽게 잘 정리되어 있으므로 추천한다.

이렇게 국어의 모든 영역마다 개념 학습을 충실히 한 다음 문제를 풀어라. 자신의 수준에 맞는 학년의 기출문제집을 골라 풀면 된다. 이때 연도별 기출문제집이 아니라 유형별 기출문제집을 풀어야 한다는 점을 유의하자. 연도별 기출문제집은 전 문항이 실제 모의고사 문제지처럼 수록되어 있다. 즉 모의고사 한 회차에 모든 영역의 문제가 실려 있는 것이다. 수능을 보기 직전 시간 관리를 위해 연도별 문제집을 풀어보는 것은 의미가 있으나, 처음 기출문제를 접할 때는 적합하지 않다. 그러니 유형별 기출문제집을 풀며 각 영역이나 유형마다 개념이 문제에 어떻게 적용되어 출제되는지 파악하자.

정확성이 우선, 속도는 그다음이다

국어 실력을 향상하기 위해서는 '정확성'과 '속도'를 잡아야 한다. 복잡하고 어려운 지문을 읽고 올바른 답을 골라낼 수 있는 건 정확성의 영역이고, 제한된 시간 안에 빠르게 문제를 풀어내는 건 속도의 영역이다. 국어 성적을 높이고 싶다면 이 두 마리 토끼를 모두 잡아야 한다. 다만 둘 중 정확성이 먼저고 그다음이 속도라는 점을 명심하라.

이제 막 국어의 기본 개념을 익혔다면, 아직 문제 풀이 속도를 높일 단계는 아니다. 문제를 풀되 각 지문을 차근차근 읽으며 정확하게 독해하는 연습부터 시작한다. 시간에 쫓기듯 문제를 푸는 것이 아니라 충분한 시간을 두고 지문을 살펴보면서 글의 핵심 내용과 구조를 파악하라. 그리고 해설을 읽어보며 자신이 이해하고 정리한 내용이 올바른지 확인한다. 해설에 정리된 글의 주제와 구조도를 익히며 새롭게 파악한 내용을 제대로 이해하고 넘어간다. 이처럼 지문 하나하나를 뜯어 먹는다는 생각으로 정확성을 높이는 훈련을 해나간다.

훈련을 계속하다 보면 점차 글을 읽고 내용을 정확히 파악하는 데 익숙해지며 웬만한 문제는 모두 정답을 맞히는 단계에 이르게 될 것이다. 그때부터 시간을 재며 문제를 푸는 연습을 시작한다. 보통은 고2 말이나 고3 초부터 시작해도 충분하다.

이때 핵심은 무조건 시간에 맞추려고만 하지 말고 정확성을 유지한 채 속도를 점차 높여가야 한다는 점이다. 처음에는 모든 문제를 시간 내에 살펴보기 어려울 수도 있다. 약간의 여유 시간을 두고 시작하여 조금씩 시간을 단축해 나가자. 국어에서는 지문을 정확하게 독해하는 게 우선, 속도를 높이는 게 나중이라는 점을 유념하라.

국어 영역별 세부 공부법

문학 인물을 중심으로 흐름을 파악하라

문학 작품은 시와 소설로 구분하여 접근한다. 우선 시에서는 '시적 화자', '상황', '정서', '태도' 등의 4가지 요소를 파악하는 게 핵심이자 기본자세다. 시적 화자는 시에서 시인을 대신하여 말하는 이를 의미한다. 작품을 읽으면서 시적 화자가 누구인지 먼저 파악해야 한다. 시적 화자는 시의 표면에 직접 드러나는 경우도 있으나, 그렇지 않은 경우도 있다. 이렇게 시적 화자를 파악한 후 시적 화자가 처한 상황을 간파하라.

또한 주어진 작품을 수동적으로 읽기만 하는 게 아니라 '화자의 정서와 태도는 어떠한가?'를 의식적으로 생각하면서 읽어라. 시적 화자나 대상이 처한 상황에 대해 화자가 어떠한 정서와 태도를 보이고 있는지 파악한다. 정서란 화자가 느끼는 기분이나 감정을 의미한다. 기쁨, 사랑, 희망, 즐거움, 동경 등과 같은 긍정적 정서와 슬픔, 절망, 한, 체념, 분노, 안타까움 등과 같은 부정적 정서가 있다. 화자의 태도는 시적 대상이나 상황에 대한 화자의 심리적 자세 또는 대응 방식을 의미한다. 의지적, 반성적, 비판적, 예찬적, 달관적, 자연 친화적, 관조적, 체념적 태도 등이 그 예다.

한편 소설 구성의 3요소는 '인물', '사건', '배경'이다. 즉 '이 이야기에서 등장인물은 누구이고, 그들의 관계는 어떠하고, 어떤 사건을 겪고 있으며, 어떤 시간적·공간적 배경에 있는가?'를 파악하는 게 소설 지문의 핵심이다. 소설 작품을 읽을 때는 의식적으로 '① 누가, ② 어디서, ③ 뭐 하고 있지?'라는 질문을 마음속에 품고 있어라. 그 해답을 찾는다는 마음가짐으로 작품을 읽고, 다 읽은 후에는 세 가지 질문에 대한 답을 떠올려야 한다.

나는 특히 글을 읽을 때 등장인물을 주의 깊게 파악했다. 소설에 등장인물이 너무 많거나 고전소설이라서 같은 인물을 다양한 명칭으로 불러 혼란스러울 경우 'ABC 넘버링'을 했다. 글에 먼저 등장한 순서대로 인물마다 A, B, C…로 알파벳을 매기면 인물 관계를 빠르게 파악할 수 있다. 글을 다 읽은 후에는 알파벳으로 구조도를 그리거나 같은 이해관계를 지닌 인물끼리 묶어 각자의 편을 구분한다. 그리고 작품에서 시공간적 배경으로 제시된 단어에 네모 표시를 하면 사건의 흐름을 놓치지 않고 이해하는 데 도움이 된다.

독서 나만의 표기법을 만들어라

독서 지문의 독해는 3가지 축으로 이루어진다. 바로 '문장', '문단', '글'이다. 이 3가지 수준에서 글을 파악해야 내용을 철저하게 분석하여 정확하게 읽을 수 있다.

먼저 문장 수준의 독해는 한 문장 안에서 단어와 단어 간의 관계를 정확히 파악하는 것을 의미한다. 문장을 읽으며 정의, 인과, 대조, 나열 등 문장에 드러난 논리 관계를 따져 본다. 여러 개의 문장이 모여 하나의 중심 생각을 나타낼 때 이를 '문단'이라고 한다. 문단 수준에서 독해할 때는 한 문단을 구성하는 각 문장들의 논리 관계를 파악한다. 문단의 논리 유형에는 '정의-예시', '정의-분류', '주장-근거' 등이 있다. 마지막으로 글 수준의 독해는 여러 문단으로 이루어진, 응집성 있는 하나의 글이 전체적으로 어떤 구조를 가지고 있는지를 파악하는 것이다. 글의 구조로는 '문제-해결', '원인-결과', '대조/대응', '통시적 서술', '분석', '단순 설명' 등이 있다.

문장과 문단, 그리고 글 안에서 보여지는 논리 관계를 파악하기 위한 나만의 표기법을 정하라. 독해 지문에 자주 등장하는 논리 관계를 자신만의 규칙을 만들어 표시하는 것이다. 그러면 정보량이 많은 독서 지문에서 중요한 논리 관계를 빠르게 짚어낼 수 있다. 독해 후에도 문제를 풀다 보면 다시 지문으로 돌아가 내용을 확인해야 할 때가 있는데, 그럴 경우 글에 표시해 둔 기호를 중심으로 읽으면 더욱 효율적으로 글을 읽을 수 있다.

다음은 나의 독서 지문 표기법이다. 이는 좋은책신사고

196

에서 출간한 교재『국어의 기술』과『독해력 강화 도구 3가
지』를 통해 배우고 발전시킨 것이다. 표기법에 대해 더 자
세히 알고 싶다면 해당 교재를 참고하기 바란다.

독서 지문 표기법	
□ —	개념 정의가 나올 경우 단어에 네모, 정의에 밑줄
○	중요 단어
→	원인과 결과
e	예시(example)
P-S	문제-해결책(Problem and Solution)
∨	역접
1, 2	대조/대응의 내용으로 구성된 경우 1, 2로 구분. 1의 속성에는 모두 1을 적어주고, 2의 속성에는 모두 2를 적어줌. 비교 대상이 셋일 경우 숫자 추가(1, 2, 3)

개념에 대한 정의가 나올 경우 단어에 네모를 치고, 정의
에 밑줄을 긋는다. 중요한 단어에는 동그라미를 쳐 단어를
강조한다. A라는 원인에 의해 B라는 결과가 일어났을 때 A
와 B 사이에 화살표 표시를 한다. 예시가 등장하는 경우 그

시작점에 e라는 알파벳 기호를 적는다. 이는 예시라는 뜻의 영단어 'example'의 앞 글자다. 문제가 나오고 해결책이 제시되는 경우 문제에는 P(Problem), 해결책에는 S(Solution)를 적는다.

'그러나', '하지만' 등 앞의 내용과 뒤의 내용이 상반될 때 쓰이는 역접 접속사에 ∨ 표시를 한다. 두 대상이 대조되거나 대조되지는 않더라도 대응이 될 때 각 대상의 속성을 1, 2로 구분하여 표기한다. 글을 읽어 내려가면서 대상 1의 속성에는 모두 1을 표시하고 대상 2의 속성에는 모두 2를 적는다. 만약 대상이 셋일 경우 숫자를 추가해 1, 2, 3으로 대상의 속성을 구분한다. 나는 이를 '넘버링'이라 부른다.

길고 복잡한 독서 지문에서 이와 같이 표기하면 중요한 내용과 그렇지 않은 내용을 효과적으로 구분할 수 있으며 내용을 빠르게 파악할 수 있다. 주요 논리 관계들이 핵심이 되는 중요한 내용을 담는 경우가 많기 때문이다. 이때 주의할 점은 표기에 너무 집착하면 안 된다는 것이다. 기호는 글의 핵심을 파악하는 도구일 뿐이다. 표기의 목적은 글을 빠르고 정확하게 이해하는 것에 있다는 점을 잊지 말자.

국어 과목의 내신 성적을 높이려면 독해력이나 문학 작품 해석 능력과 같은 기본적인 국어 실력을 기반으로 다진 다음 여기에 암기를 더해야 한다. 무엇보다 학교 시험인 만큼 교과서에 집중하며 수업 내용을 꼼꼼히 공부하고 암기하는 작업이 필요하다. 평소 학교 수업을 집중해서 듣고 선생님이 강조하신 내용을 빠짐없이 기록해 두는 것이 내신 고득점을 위한 기본 전제다.

특히 문학은 교과서에 제시된 지문뿐 아니라 범위를 넓혀 공부하는 습관을 지녀야 한다. 교과서에는 분량상의 이유로 문학 작품의 일부 내용만 실리지만, 시험에는 교과서에 생략된 원문의 다른 부분까지도 문제로 출제될 수 있기 때문이다. 이에 대비하기 위해서는 교과서에 제시된 문학 작품의 원문을 찾아 읽으며 교과서에서 생략되었던 부분에 대한 내용까지 익혀두어야 한다. 장편소설과 같이 원문의 길이가 너무 길어서 전체 내용을 다 읽기가 어렵다면 작품의 전반적인 줄거리를 알아둔다.

더 나아가 학교 시험에서는 작품과 공통점이 있는 다른 작품을 함께 엮어 문제를 출제하기도 한다. 주제가 비슷한 작품이나 동일한 표현법이 사용된 작품, 특정 사물을 같은 의미의 상징으로 사용한 작품 등이 시험에 나올 가능성이 높다. 시험에 어떤 외부 작품이 제시될지를 완벽하게 예측하기는 어렵지만, 교과서 지문과 주제가 비슷한 연계 작품을 찾아보고 해당 작품의 주제와 특징을 정리해 두면 도움이 된다. 예를 들어 시험 범위에 정철의 「사미인곡」이 있다면 이 작품의 중요한 특징은 유배 가사라는 점이므로, 다른 대표적인 유배 가사인 「정과정」, 「만분가」를 연계 작품으로 정하여 공부한다.

이렇게 평소에 국어 개념부터 연계 문학 작품까지 차근차근 공부하고 준비해 두었다면, 국어 내신은 시험 3주 전부터 본격적인 대비를 시작하기를 권한다.

시험 3주 전	교과서 1회독
시험 2주 전	자습서 풀기 ㅣ 교과서 2, 3회독
시험 1주 전	평가문제집 풀기 ㅣ 교과서 4, 5회독 ㅣ 추가 문제 풀기

시험 3주 전 교과서의 개념을 꼼꼼히 곱씹는다

시험 3주 전부터 교과서에서 시험 범위에 해당하는 모든 내용을 꼼꼼히 읽고 이해한다. 읽다가 잘 이해되지 않는 부분은 인터넷에 해당 개념을 검색해 보거나 학교 선생님께 질문하여 궁금증을 해결한다. 이때는 교과서를 무턱대고 암기하기보다는 놓치는 내용 없이 정확히 이해하는 것을 목표로 삼자. 문학 작품의 경우 충분히 음미하며 내면화한다.

시험 2주 전 교과서와 자습서로 개념을 견고히 한다

시험 2주 전부터는 자습서를 풀면서 개념 이해와 문제 풀이를 병행한다. 자습서는 우리 학교의 국어 교과서와 연계된 교재를 활용하면 된다. 자습서에는 교과서에 수록된 글에 대한 풍부한 해설이 실려 있어서 교과서로만 공부했을 때는 알 수 없었던 세부적인 내용까지 파악하여 글을 더 깊이 이해할 수 있다. 또한 개념을 확인하는 문제들을 풀면서 시험 문제가 어떤 식으로 나올지 가늠해 볼 수도 있다. 개념을 익히고 문제를 푼 다음, 틀린 문제는 해설을 꼼꼼히 읽으며 잘못된 개념을 바로잡고 글에 대한 추가 설명을 익힌다.

이와 함께 교과서를 두 번 더 정독한다. 교과서 1회독과의 차이점은 이때부터 조금씩 암기를 시작해야 한다는 점이다. 교과서 1회독을 거치고 자습서를 공부한 것을 바탕으로 시험 범위에서 중요한 내용이 무엇인지 점차 감을 잡게 되면 그 내용을 중심으로 암기하기 시작하자. 특히 수업 시간에 선생님이 강조하셨거나 자습서에서 중요하게 언급되어 시험에 출제될 가능성이 크다고 판단되는 내용은 밑줄을 그어 표시한다. 이렇게 표시해 두면 이후에 교과서를 읽을 때도 그 부분을 더 집중해서 공부할 수 있으며 암기할 때도 더 잘 외워진다.

시험 1주 전 문제를 풀며 실전 감각을 깨운다

시험이 일주일 앞으로 다가온 시점부터는 그동안 공부해

온 개념이 제대로 학습되어 있는지 문제에 적용하며 점검한다. 평가문제집에 제시된 다양한 유형의 문제를 풀어보면서 내신 문제에 대비한다. 평가문제집을 풀 때 지녀야 할 마음가짐은 '빠르게'가 아니라 '꼼꼼하게'이다. 모든 지문은 물론 선지까지 하나하나 꼼꼼하게 읽으며 풀어나가고, 헷갈리는 개념을 발견하면 해설을 정독하며 다시 이해한다. 틀린 문제는 해설을 읽고 오답 정리해 두는 것은 기본이다.

이와 함께 교과서를 두 번 더 정독한다. 교과서 회독을 거듭할수록 자신이 현재 완벽히 외운 부분과 아직 외우지 못한 부분이 구분될 것이다. 4회독부터는 교과서를 읽으면서 아직 덜 외워진 부분은 색이 있는 볼펜이나 형광펜으로 눈에 띄게 표시하며 암기한다. 이렇게 교과서에 표시하면서 5회독까지 하면 그동안 안 외워졌던 부분이 한눈에 보인다. 회독을 거치면서 여러 번 표시된 부분도 있을 것이다. 그 부분들은 더욱 집중해서 암기한다. 교과서 필기부터 학습활동, 날개 문제까지 꼼꼼히 살펴보며 머릿속에 익힌다.

마지막으로, 학교 시험과 관련된 추가 문제를 풀면서 실전 감각을 끌어 올린다. 학원을 다니면 학원에서 주는 시험 대비 자료를 풀면 되고, 나처럼 혼자 공부하는 경우에는 인터넷에서 양질의 자료를 찾아 풀어보면 된다. 나는 '기출비'라는 인터넷 카페를 자주 활용했는데, 카페에 가입하고 일정 회원등급 이상이 되면 전 학년, 전 과목의 수많은 공부자료를 얻을 수 있다. 교과서 출판사 및 단원마다 시험 자료가 공유되어 있으니 필요한 문제와 해설을 3~4회 분량 내려받아 풀며 시험 준비를 마무리한다.

학교 시험의 기출문제를 풀어보는 것도 시험 출제 경향을 파악하는 데 큰 도움이 된다. 특히 국어 선생님이 최근 몇 년 동안 같은 분이었다면 이전의 시험 유형과 비슷하게 출제될 확률이 높다. 기출문제는 보통 학교 홈페이지에 게시되어 있거나 교무실, 도서관 등에 비치되어 있다. 기출문제를 아예 공개하지 않는 학교도 있으니 최대한 구해보되 상황에 따라 진행하도록 한다.

수학

나만의 풀이법을 세우면 반드시 답을 찾는다

풀이 알고리즘이 정답으로 안내한다

여러분은 수학 문제를 풀다가 답이 나오지 않을 때 어떻게 대처하는가? 보통은 조금 고민하다가 문제 풀기를 포기하고는 답지를 펼쳐 해설을 본다. 답지에 적힌 풀이 과정을 읽고 외우며 다음에는 이런 문제를 풀 수 있으리라고 생각하고 넘긴다. 하지만 제대로 익히지도 못한 풀이 과정을 무작정 외우는 방식으로는 아무리 많은 문제를 풀어도 절대로 수학 실력이 오르지 않는다. 이후 동일한 문제는 풀어낼 수 있겠지만, 조금이라도 변형된 문제는 또다시 풀이 과정에 제동이 걸려 답을 구하지 못할 것이다.

수학 실력을 제대로 쌓고 싶다면 문제를 풀면서 나만의 풀이 전략을 세워야 한다. 나는 이를 '풀이 알고리즘'이라고 표현한다. 내가 어떤 문제 상황에서 어떻게 접근할 것인지, 이 접근이 맞지 않으면 그다음에는 어떤 접근을 시도해 볼 것인지와 같은 알고리즘을 점차 구체화해 나간다는 생각으로 공부해야 한다. 무턱대고 문제의 각 풀이 과정을 외워 적용하는 것이 아닌, 나만의 풀이 알고리즘을 정립해야 계속 사고를 확장하면서 내 것으로 흡수할 수 있다. 그래야 진짜 실력이 는다.

알고리즘을 구상하는 방법은 간단하다. 모르는 문제를 마주하면 우선 문제에 주어진 조건들의 의미를 분석한다. 그리고 이 문제를 어떻게 풀어나갈 것인지 몇 가지 풀이법을 순서대로 정해놓는다. 이후 다양한 수학 문제를 풀면서 나만의 알고리즘을 바탕으로 풀이법에 따라 차근차근 체계적으로 문제를 푼다. 만약 접근법의 한계를 발견하면 해설과 인터넷 검색 결과를 참고하여 알고리즘을 보완한다. 그리고

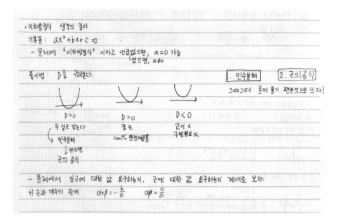

- 이차방정식 생각의 절서

기본꼴: $ax^2 + bx + c = 0$

- 문제에 '이차방정식' 이라고 언급없으면, $a = 0$ 가능
  있으면, $a \neq 0$

풀어법: D를 구해본다.

┌─ 1. 인수분해   2. 근의공식 ─┐

그때그때 문제 풀기 편한것으로 쓰자!

$D > 0$ $D = 0$ $D < 0$

두 실근 갖는다   중근   근이 X
$\downarrow$ 100% 완전제곱꼴   구분필요X.
인수분해하면
안되면
근의 공식

- 문제에서 실근에 대한 값 요구하는지, 근에 대한 값 요구하는지 제대로 보자.
+) 근과 계수의 관계 $\alpha + \beta = -\dfrac{b}{a}$ $\alpha\beta = \dfrac{c}{a}$

· 접선의 방정식   접선 1. 한 점 (a,b) 에서 만나고
                    └→ 2. 기울기가 m 이라 할때 $y - b = m(x-a)$

① $f(x)$ 위의 점이 주어진 경우

(a, f(a))   한 점 주어져있으니까 [기울기]가 필요하다!
                                    └ 미분계수 $f'(a)$

∴ $y - f(a) = f'(a)(x-a)$

② 기울기가 주어진 경우

기울기는 주어져있으니까 $f(x)$ 위의 [점]이 필요하다
                        $f'(x) = m$ 인 x값 찾는다

∴ $y - f(a) = m(x-a)$

③ 접점이 아닌 접선 위의 한 점도 준 경우

(t, f(t))   기울기도 접점도 하나도 주어져있지 않다.
(a,b)   그럼 어떻게 해야하나?
            ⇒ 접점을 임의로 설정해준다. $(t, f(t))$
            점 $(t, f(t))$ 에서의 접기 $f'(t)$
            ∴ $y - f(t) = f'(t)(x-t)$
            이 때 이 식은 점 (a, b) 를 지나므로 대입.
            만족하는 t 구해준 후 원래 식에 대입해주면 끝~!!

다시 문제에 적용한다. 이렇게 훈련하면서 공부하면 출제자가 의도한 접근 방향을 찾아 정답을 맞힐 확률이 높아진다.

나는 앞의 사진 자료와 같이 'A의 상황에서는 A'로 대응하고, B의 상황에서는 B'로 대응하고, C의 상황에서는 C'로 대응하자', '이 유형에서는 먼저 D라는 접근 방식대로 해 보고, 그게 통하지 않으면 E라는 접근 방식을 적용해 보자'와 같은 알고리즘을 수학 노트에 일목요연하게 정리해 두었다. 이처럼 나만의 알고리즘을 만들면 어떤 수학 문제를 만나도 두렵지 않다. 어떤 문제라도 그동안 내가 구축한 풀이법을 적용해서 해결하면 되기 때문이다. 실제로 이러한 알고리즘 공부법을 통해 수학 성적이 정말 많이 오른 만큼, 여러분에게도 이 방법을 강력히 추천한다.

모든 수학 문제는 4단계로 해결한다

수학은 명확한 논리에 기초해 분명한 정답을 찾는 학문

이다. 이에 수학 문제를 풀 때도 체계를 갖추고 접근해야 한다. 문제를 보자마자 무작정 손이 가는 대로 풀면 얼마 못가 풀이가 막힌다. 헤매지 않고 수학 문제에 필요한 논리만을 떠올리며 바로 정답을 찾고 싶다면, 문제를 이리저리 살펴보며 실마리를 정확히 찾은 다음 풀이를 시작해야 한다. 문제 해결력을 높이는 수학 문제 풀이 방법 4단계를 안내한다.

1단계 조건과 구할 값 표시하기

수학 문제를 읽을 때는 한 단어 한 단어를 놓치지 않고 꼼꼼히 읽어야 한다. 문제에 제시된 정보들은 모두 올바른 풀이 방향을 정하는 힌트가 되기 때문이다. 그래서 우리가 문제를 마주했을 때 거쳐야 하는 첫 단계는 문제에 동그라미와 세모 표시를 하는 것이다.

문제에 주어진 조건들에는 동그라미로 표시한다. 동그라미로 각 정보를 표시하면 문제의 핵심을 빠뜨리지 않고 파악할 수 있다. 이 조건들을 기반으로 하여 풀이 방향을 정해야 한다. 그리고 풀이를 통해 구해야 하는 값에는 세모로

두 자연수 , a, b에 대하여 두 함수 $f(x)$, $g(x)$를

$$f(x) = \begin{cases} x+5 & (x<5) \\ |2x-a| & (x \geq 5) \end{cases},$$

$$g(x) = (x-5)(x-b)$$

라 하자. $f(x)g(x)$가 실수 전체의 집합에서 미분가능하도록 하는 a, b의 모든 순서쌍 (a, b)의 개수를 구하시오.

출처: 2022년 11월 고2 모의고사 수학 영역 29번 문항

표시한다. 문제는 올바르게 풀었는데 구해야 하는 대상을 혼동하여 엉뚱한 답을 적는 경우가 있다. 예를 들면 문제에서는 $a+b$를 구하라고 했는데 착각하고 $a \times b$를 구하여 틀리는 것이다. 이런 실수를 막기 위해 처음부터 문제에서 구해야 하는 값을 세모로 눈에 띄게 표시해 둔다.

2단계 풀이 방향 구상하기

문제에 주어진 조건을 단서로 활용하여 구하고자 하는 값을 얻기 위해 상황을 어떻게 풀어나갈지 고민하는 과정이다. 이 단계에서는 그래프, 도형 등 최대한 문제 상황을

시각적으로 표현해 보면서 풀이의 흐름을 떠올려야 한다. 점이나 도형의 좌표가 제시되거나 함수식이 제시되어 기하적으로 표현이 가능하다면 무조건 그림을 그려본다. 그리고 '이 문제가 묻고 있는 게 이거 아닐까?', '출제자의 의도가 이게 아닐까?'와 같이 문제에 대해 다방면으로 깊이 있게 고민해 본다.

앞에서 제시한 문제를 살펴보면, $f(x)g(x)$가 실수 전체의 집합에서 미분가능해야 하므로 ①실수 전체에서 연속이고, ②실수 전체에서 좌미분계수와 우미분계수가 같아야 한다. 그런데 $f(x)$가 $x=5$를 기준으로 두 가지의 함수로 나뉘므로, 그래프를 직접 그려 개형을 파악해야 한다. $|2x-a|$는 $a=10$일 때 그 값이 0이 되기 때문에 '$a \leq 10$일 때와 $a \geq 11$일 때의 두 가지 상황으로 나누어 그래프를 그려보자!'라고 판단한다. 그 후 그래프 개형을 바탕으로 $f(x)g(x)$가 연속이고 좌미분계수와 우미분계수가 같아지는 순서쌍 (a, b)를 찾는다. 이처럼 본격적으로 문제를 풀기에 앞서 전체적인 풀이의 흐름을 구상한다.

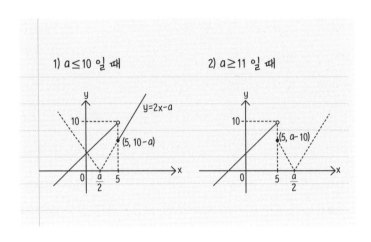

1) $a \leq 10$ 일 때

2) $a \geq 11$ 일 때

$y = 2x - a$

$(5, 10-a)$

$(5, a-10)$

3단계 문제 풀이에 필요한 개념 떠올리기

2단계에서 수립한 방향대로 풀기 위해 필요한 수학적 개념을 떠올려 본다. 구체적인 수학 공식이나 원리를 머릿속에서 끄집어냄으로써 풀이를 진행하기 위한 확실한 수학적 근거를 대보는 과정이다. 이때 1단계에서 표시한 문제의 조건들도 개념을 복기하여 문제 풀이에 최적화된 꼴로 변형해 준다. 예를 들면 곱함수의 미분가능성을 묻는 상황이니, 곱함수의 미분에 대한 개념이 필요할 것이다. 그 개념을 정확하게 떠올려 다음과 같이 머릿속으로 정리한다.

$$y = f(x)g(x) \text{이면 } y' = f'(x)g(x) + f(x)g'(x)$$

4단계 정확히 계산하기

지금까지 정리한 조건들과 개념들을 활용하여 정확하게 계산하고 답을 구한다. 이미 문제를 풀어나가야 할 방향은 정해졌으니 그대로 실행만 하면 된다. 암산을 많이 하기보다는 손을 바쁘게 움직여서 최대한 풀이 과정을 손으로 쓰는 게 좋다. 완벽히 숙달되어 있지 않은 이상 암산 과정에서 실수하기가 쉽기 때문이다. 정직하게 손으로 쓰면서 계산하자. 수많은 문제를 풀어 이제 특정 공식은 눈을 감아도 바로 튀어나올 정도라면 그땐 암산을 해도 된다.

수학 문제집을 독파하는
노트 활용법

수학은 문제를 많이 풀어봐야 하는 과목이지만, 무작정 문제집 권수만 늘려간다고 해서 성적이 오르지는 않는다.

한 권의 문제집을 풀더라도 얼마큼 한 문제 한 문제를 꼼꼼히 풀면서 완벽히 나의 것으로 만들었는지가 더 중요하다. 문제집을 제대로 풀어 완전히 내 것으로 씹어 먹는 3단계 방법을 안내한다.

1단계 수학 노트에 문제를 푼다

문제를 풀 때는 문제집에 바로 풀지 않고, 노트 한가운데 줄이 그어져 있는 2분할 노트에 풀이를 써 내려간다. 노트에 문제를 풀면 풀이를 적을 공간이 충분하기 때문에 공간 제약 없이 풀이를 충분히 쓰고 고민할 수 있다. 그리고 문제집을 깨끗이 유지할 수 있으니 같은 문제집을 서너 번 풀며 반복 학습하기에도 유용하다.

노트 작성 방법은 다음과 같다. 먼저 문제 번호를 노트에 적고 풀이를 적는다. 한 문제를 다 푼 후 밑줄 오른쪽 끝에 답을 적는다. 그다음 세 줄을 띄워 다시 문제 번호를 적은 다음 풀이를 적고 답을 적는다.

4분할 노트도 사용해 보았는데, 쉬운 문제를 풀 때는 풀이 과정이 짧아서 주어진 한 칸 안에 비는 공간이 너무 많앉다. 문제의 난이도에 따라 자유롭게 풀이의 길이를 조절할 수 있는 2분할 노트가 가장 적합했다.

이러한 풀이 노트는 모두 세 개를 만들어 사용한다. 문제집을 처음 풀 때는 '1차 노트', 두 번째로 풀 때는 '2차 노트', 세 번째로 풀 때는 '3차 노트'에 각각 문제를 푼다. 1차 노트에는 문제집의 모든 문제를 풀고 2차 노트에는 1차에서 틀린 문제들만, 3차 노트에는 2차에서 틀린 문제들만 푼다. 이를 통해 자신이 자주 틀리는 문제 유형과 개념을 파악하여 집중적으로 공략할 수 있다.

2단계 틀린 문제는 다시 풀고 스스로 답을 찾는다

수학 노트에 1차 풀이를 마친 후 채점한다. 이때 맞은 문제는 문제집에 따로 표시하지 않고 틀린 문제만 틀렸다는 의미로 문제 번호에 빨간색 빗금을 표시한다. 중요한 점은 문제 옆에 정답을 적지 않는다는 것이다. 답이 적혀 있으면 다시 문제를 풀 때 방해가 되기 때문에 틀렸다는 표시만 해두고 넘어간다.

그 후 2차 노트를 펼쳐 틀린 문제들을 다시 풀어본다. 1차 노트에 적었던 자신의 풀이 과정을 살펴보며 어떤 부분을 놓쳐서 답을 틀렸는지 스스로 점검해 본다. 이때는 답지에 적힌 해설을 읽지 않은 상태에서 문제를 다시 한번 찬찬히 풀어보는 게 핵심이다. 아무리 고민해도 문제가 풀리지 않으면 아직 머릿속에 개념이 확실히 정리되지 않았다는 뜻이다. 문제집 앞쪽에 정리되어 있는 수학 개념을 복습하며 다시 한번 문제의 풀이 방향을 고민한다.

최대 15분 동안 시간을 두고 찬찬히 풀이법을 고민하되 심화 내용의 고난도 문제는 그 이상의 시간을 투자해서라도 끝까지 도전한다. 이러한 과정을 통해 문제를 푼 다음 다시 채점해 본다. 맞았으면 파란색 볼펜으로 문제 번호에 동그라미 표시를 하고 또 틀렸으면 빗금 표시를 한다.

3단계 반복 숙지하며 내 것으로 만든다

한 문제를 두 번 다 틀렸다면 이제 답지를 참고할 때다. 이때 답지의 풀이를 처음부터 끝까지 읽지는 않는다. 해설 앞부분의 두세 줄 정도만 읽고 문제를 풀어나갈 아이디어를 얻은 다음, 그 이후 과정부터는 혼자 힘으로 문제를 풀어본다. 답지에 의존하지 않고 직접 풀이를 적용하면서 진정한 실력을 쌓기 위함이다.

만약 답지의 앞부분 해설을 살펴보았는데도 풀이 방향이 도저히 감이 안 잡히면 그때는 뒷부분까지 전체 풀이 과정을 모두 읽는다. 그 후 답지를 덮고 풀이 과정을 직접 따라 적어본다.

3차 풀이를 마친 후에는 초록색 볼펜으로 채점한다. 1차 풀이부터 3차 풀이까지 거치며 스스로 약점을 발견했다면 노트에 반드시 그에 대한 코멘트를 적는다. 정답을 맞히기 위해 필요했던 개념이나 공식, 다음에 비슷한 문제 유형을 만났을 때 주의해야 할 점 등을 잊지 않도록 적어둔다. 그러면 3차까지 문제 풀이를 진행하며 필기한 내용들이 각 수학 노트에 차곡차곡 정리되어 있을 것이다. 그 내용들만 숙지하면 문제집에 나온 모든 문제의 정답을 맞힐 수 있다.

나는 수학 노트를 2~3일에 한 번씩 복습했다. 정독하는 데 오랜 시간이 걸리지 않아 금방 살펴볼 수 있다. 문제 풀이에 필요했던 전략들과 각 문제 유형에 대한 대응 방안 등을 복습하다 보면 자연스럽게 문제 풀이 실력이 향상된다.

이런 방식으로 문제집 한 권을 세 번까지 독파하면 수학 성적은 반드시 오른다.

핵심만 살리는
오답 노트 작성법

'수학 오답 노트를 만들까? 말까?'

수험생 사이에서 확연하게 찬반이 갈리는 주제다. 나도 효율을 중시하는 사람이기에 처음에는 오답 노트의 필요성을 부정적인 시선으로 보았다. 오답 노트를 작성할 시간에 문제를 더 풀어보는 것이 실력 향상에 더 도움이 되리라 생각했다. 그런데 공부에 더 깊이 파고들면서, 핵심만 살리는 오답 노트를 작성하면 시간을 낭비하지 않고 수학 실력도 한 단계 도약할 수 있다는 확신을 얻었다. 어쩌면 오답 노트라기보다는 발상 노트라고 부르는 게 더 옳을 것이다. 문제를 풀기 위해 필요한 발상을 중심으로 간결하게 오답 노트를 작성하기 때문이다.

1단계 풀이에 활용할 조건만 추려 간단히 적는다

문제를 풀고 채점한 다음 틀린 문제는 노트에 조건만 간 단하게 적는다. 문제를 그대로 다 베껴 적는 것이 아니라, 불필요한 상황 설명이나 조사는 모두 생략하고 조건만 요 약해서 간단히 적는다. 예를 들어 다음과 같은 수학 문제를 풀었다고 하자.

좌표평면 위에 세 점 $A(2, 3)$, $B(7, 1)$, $C(4, 5)$가 있다. 직선 AB 위 의 점 D에 대하여 점 D를 지나고 직선 BC와 평행한 직선이 직 선 AC와 만나는 점을 E라 하자.

삼각형 ABC와 삼각형 ADE의 넓이의 비가 4:1이 되도록 하는 모든 점 D의 y좌표의 곱은? (단, 점 D는 점 A도 아니고 점 B도 아니다.)

① 8   ② $\frac{17}{2}$ ③ 9   ④ $\frac{19}{2}$ ⑤ 10

출처: 2022년 11월 고1 모의고사 수학 영역 19번

그렇다면 노트에는 다음과 같이 문제에 제시된 풀이 조건만 간단하게 정리한다.

A(2, 3), B(7, 1), C(4, 5)

$\overline{AB}$ 위 점 D

점 D 지나고 $\overline{BC}$ 평행한 직선과 $\overline{AC}$의 교점 E

△ABC : △ADE=4:1 되는 모든 점 D의 y좌표 곱?

2단계 문제 풀이에 필요한 발상을 적는다

문제의 조건을 적었다면 그 밑에는 문제를 풀기 위해 필요한 수학적 발상이나 풀이 아이디어를 적는다. 위의 예시에서는 '닮은 도형의 넓이의 비가 4:1이면 닮음비는 2:1이다'와 같은 내용을 적을 수 있다. 이렇게 간단히 정리한 발상이 문제의 풀이 방향을 정하는 단서가 된다.

3단계 오답의 개선점을 발견한다

틀린 이유를 스스로 고민해 본다. 개념을 착각했다거나,

깊이 고민하지 않고 무작정 풀었다거나, 계산 실수를 했다거나 하는 등 문제를 틀린 이유가 분명히 있을 것이다. 이에 대한 반성과 깨달은 점을 문제 옆 여백에 빨간색 펜으로 적는다. 그리고 앞으로 어떻게 대처할 것인지 다짐을 적는다. 앞으로 이와 동일한 문제 유형을 만나면 어떻게 접근해서 문제를 풀어나갈 것인지도 구체적으로 적는다. 예를 들면 '닮은 도형이 나오면 닮음비, 넓이의 비, 부피의 비에 주의한다. 넓이의 비는 닮음비의 제곱, 부피의 비는 닮음비의 세제곱임을 기억한다'와 같이 적는다.

4단계 관련 개념을 정리하고 익힌다

문제를 틀린 이유를 분석해 보니 기본 개념이 부족했기 때문이라면 관련 개념도 간략하게 적어둔다. 생각보다 개념의 정확한 정의나 기본 꼴을 몰라서 문제를 틀리는 경우가 많다. 개념이 부족한 경우라면 다시 한번 공식과 이론을 정확히 정리하고 이해한다.

3번 이상 복습하며 내 것으로 흡수한다

이러한 과정을 거쳐 작성한 오답 노트는 적어도 3번 이상 다시 살펴보며 복습한다. 열심히 오답 노트를 작성하고는 펼쳐보지도 않는 경우가 수두룩하다. 그럴 거면 차라리 오답 노트를 쓰지 않는 편이 시간 활용 면에서 낫다. 오답 노트는 단지 한 번 정리하는 데서 끝나는 것이 아니다. 최대한 복습을 자주 할 각오로 작성해야 한다. 그래야 진짜 내 실력으로 차곡차곡 쌓여 오답 노트를 만든 의미가 생긴다.

계산 실수를 극복하는 확실한 방법

분명히 아는 문제인데 풀이 과정에서 계산을 실수하여 정답을 틀린 경험이 한 번쯤 있을 것이다. 제 실력을 모두 총동원해야 하는 시험에서 실수로 문제를 틀렸을 때만큼 속상하고 억울한 순간이 없다. 특히 수학 시험에서는 계산 실수만 안 해도 한 등급은 오른다. 보통 계산 실수는 자신도 모르게 한다고 생각하기 쉽지만, 충분히 스스로 통제하고 관리하며 극복할 수 있다. 바로 '실수 노트' 작성을 통해서다.

실수 노트란 수학 문제를 풀다가 실수한 내용들을 기록하는 노트다. 문제집, 교과서, 기출문제 등 각종 문제를 풀면서 실수한 내용을 노트에 쭉 적으면 된다. 단순 계산 실수부터 공식을 헷갈렸거나 조건을 잘못 봤다는 등 풀이 과정을 돌아보며 깨달은 문제점을 간단히 적는다. 그리고 다음부터는 이와 같은 실수를 반복하지 않기 위해 어떻게 해야 하는지 행동 지침을 간단히 적는다.

노트에 실수를 계속 기록해 나가면서 앞부분부터 차근차근 살펴보면 소름 돋는 경험을 하게 된다. 자신이 자주 하는 실수가 몇 가지로 정해져서 반복된다는 점을 발견하게 되기 때문이다. 나는 $\frac{16}{9}$을 $\frac{4}{3}$으로 잘못 약분하거나 4 더하기 7은 13이라고 잘못 계산하는 실수가 잦았다. 이처럼 각자 자기도 모르게 반복적으로 실수하는 것들이 있다. 실수는 바로잡지 않으면 반드시 되풀이된다. 그러므로 실수 노트를 작성하면서 '아, 내가 이런 계산에서 자주 실수하는구나' 하고 깨달은 것을 바로잡고자 주의하자.

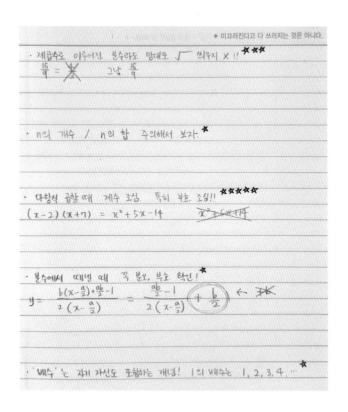

위 사진은 내가 작성한 실수 노트의 일부다. 이렇게 내가
어떤 실수를 했고, 옳은 계산은 무엇인지 간단하게 적는다.
이때 만약 같은 실수를 반복하면 이전에 적어둔 실수 기록
옆에 별표를 추가한다. 같은 실수 기록을 다시 손으로 쓰면
시간이 낭비되므로 간단하게 별표로 표시하고, 별표 수가

많은 실수 기록은 더 자주 살펴보면서 주의하자.

이와 같이 작성한 실수 노트는 시험 전날까지 자주 꺼내어 복습한다. 복습을 자주 할수록 더 기억에 오래 선명히 남는다. 그 후 시험을 보러 가면 내가 실수했던 부분을 마주했을 때 의식적으로 주의하게 된다. '내가 이 계산은 자주 실수했었지. 이때는 이렇게 답을 구해야 해' 하고 올바른 방법으로 계산하게 되는 것이다. 실수 노트를 작성하고 복습하면서, 시험에서 실수 없이 제 실력을 모두 발휘하자.

5주 만에 끝내는 수학 내신 루틴

수학은 개념에 대한 정확한 이해를 바탕으로 많은 문제를 풀어보는 게 중요하다. 개념 공부를 탄탄하게 한 다음 다양한 난이도의 문제를 풀면서 실력을 다져야 한다.

그런데 보통 한 달 남짓한 기간을 두고 공부하는 내신 대비 기간에 처음 개념 공부를 시작해 여러 권의 문제집까지 풀기란 어려운 일이다. 그렇기에 내신 시험에 필요한 수학 개념은 평소 선행학습으로 미리 익혀두어야 한다. 수학 선행은 1년에서 1년 반 정도까지 해두기를 추천한다. 학원 수업이나 인터넷 강의를 들으면서 개념을 잡고 개념서를 한 권 풀어보며 익히면 된다. 그 후 학기 중에는 지금부터 소개하는 내신 공부법대로 공부하라.

수학은 무엇보다 많은 문제를 풀어보는 게 중요한 만큼 시험 대비 기간을 더 길게 잡아야 한다. 문제를 풀고, 틀린 문제를 다시 풀어보고, 오답 정리까지 하려면 절대적으로 시간이 많이 필요하기 때문이다.

수학 내신을 대비하는 전체적인 흐름은 위와 같이 '개념

서(선행)→기본 유형서→기출문제집→심화 문제집→교과서'의 순서로 공부하는 것이 좋다. 문제 난이도를 서서히 높여가며 풀다가, 시험 직전에는 교과서로 돌아와 내신 교재에 대한 감을 잃지 않도록 하는 전략이다. 그럼 지금부터 5주 동안 완성하는 수학 내신 공부법을 자세히 살펴보자.

시험 5주 전	기본 유형서 1회독
시험 4주 전	기출문제집 1회독 | 기본 유형서 2회독
시험 3주 전	심화 문제집 1회독 | 기출문제집 2회독 | 기본 유형서 3회독
시험 2주 전	고난도 심화 문제집 1회독 | 기출문제집 3회독
시험 1주 전	교과서 4회독 | 오답 복습 | 내신 기출문제 3개년 풀기

시험 5주 전 다양한 문제 유형을 익힌다

내신 시험 5주 전부터 『쎈』과 같은 유형서를 풀기 시작한다. 특히 『쎈』은 문제의 난이도를 A부터 C까지 단계를 나누어 제시하고 있으며, 각 개념에 대한 대표적인 문제들이 유형별로 정리되어 있어 실전 감각을 익히는 데 도움이 된다. 기본적인 문제 유형부터 융합적 사고력을 기르는 고난도 문제까지 다양한 문제를 접하며 실력을 키운다. 앞서 언급했듯이 수학 문제는 반드시 문제집이 아닌 노트에 푼다. 자신만의 수학 노트를 만들어 풀이 과정과 문제점, 개선점 등을 기록해 나가자.

시험 4주 전 **기출문제를 단계별 마스터한다**

모의고사 기출문제집을 풀면서 내신을 대비한다. 대표적인 기출문제집으로는 『마더텅 수능기출 모의고사』, 『자이스토리』 등이 있다. 기출문제는 평가원이나 교육청에서 출제한 질 좋은 문제이기 때문에 내신을 준비할 때도 풀어보는 게 좋다. 개념을 적용해 볼 수도 있고 수학적 사고력과 문제 해결력을 키울 수도 있다. 또한 내신 시험에 수능형 문제를 출제하는 학교라면 모의고사 기출문제를 변형해서 출제하는 경우가 많아 기출문제 공부에 특히 만전을 기해야 한다.

기출문제는 3점과 4점 문항으로 나뉜다. 3점 문항은 개념을 확인하는 수준의 쉬운 문항들이고, 4점 문항은 난도가 높은 문항들이다. 또 같은 4점 문항이라도 유심히 살펴보면 난이도에 따라 다시 쉬운 4점과 어려운 4점 문항으로 구분할 수 있다. 쉬운 4점 문항은 중상 난도의 문제라면 어려운 4점 문항은 흔히 말하는 킬러, 준킬러 문항으로 구성되어 있다.

기출문제는 우선 3점 문항부터 풀어보며 기출문제가 어떤 식으로 출제되는지 감을 잡아보기를 추천한다. 그 후 쉬운 4점 문항을 풀고, 그것들이 모두 소화된 다음 어려운 4점 문항에 도전한다. 기출문제도 마찬가지로 틀린 문제를 모두 다시 한번 풀어본다. 문항을 마스터할 때까지 계속 풀어보아야 한다.

또한 앞서 유형서 1회독을 거치면서 틀린 문제들을 이 기간에 다시 풀어본다. 문제를 푼 후에는 해설지의 풀이와 나의 풀이를 비교하며 새롭게 깨달은 점이나 앞으로 주의해야 할 점을 노트에 적는다.

시험 3주 전 **문제 수준을 높여 킬러 문제를 대비한다**

내신 심화 문제집을 풀며 고득점을 노린다. 심화 문제집은 킬러, 준킬러 문제와 신유형 문제를 대비하기 위해 꼭 풀어보아야 한다. 『일품 고등』은 심화 문제집 중 비교적 쉬운 난이도의 문제로 구성되어 있어 시험 3주 전, 심화 문제집을 처음 풀기 시작할 때 살펴보기에 적절하다.

다만 심화 문제집은 앞서 언급한 유형서나 기출문제집과 달리 2, 3회독을 거칠 필요는 없다. 심화 문제집은 전반적인 난도가 높은 만큼 초반에는 틀리는 문제도 많을 텐데, 그것들을 모두 맞을 때까지 다시 풀어보고 오답 정리를 하려면 너무 많은 시간이 필요하다. 그러니 심화 문제집의 문제들은 한 번 쭉 풀어보고, 틀린 문제는 해설을 읽어보며 어떤 수학적 아이디어가 적용되었는지 바로 파악하는 방식으로 공부한다.

그와 함께 이 시기에는 앞서 풀었던 기출문제집을 2회독하고, 유형서를 3회독하면서 틀린 문제를 다시 한번 확실히 살펴보고 익힌다.

시험 2주 전 수학적 사고력을 높여 최상위권을 노린다

고난도 문제로 구성된 내신 심화 문제집을 풀면서 융합적 사고력을 키운다. 특히 최상위권을 노린다면 반드시 『블랙라벨』을 한 번쯤 풀어보자. 고난도 심화 문제집에는 개념을 2개 이상 융합해서 풀어야 하는 복잡한 문제나 창의적 발상이 필요한 신유형 문제가 담겨 있어 수학적 센스를 얻고 사고력을 키울 수 있다.

고난도 심화 문제집의 문제를 찬찬히 풀어보고, 틀린 문제는 해설을 살펴보며 자신이 놓쳤던 수학적 발상과 깨달은 점을 정리한다. 이와 함께 기출문제집을 3회독하고 틀린 문제 또한 다시 풀어본다.

시험 1주 전 　문제를 반복 풀이하며 실력을 촘촘히 한다

시험 전주에는 시험공부의 가장 기본이 되는 교과서로 돌아와 교과서에 수록된 문제를 집중적으로 푼다. 지금까지는 유형서부터 심화 문제집까지 풀며 고난도 문제를 대비했다. 그런데 어려운 문제만 대비하다 보면 오히려 쉬운 난도의 교과서 변형 문제를 만났을 때 풀이가 바로 떠오르지 않는 경우도 있다. 교과서 문제는 학교 수업 시간에 배우는 문제인 만큼 이를 활용한 문제가 출제될 가능성이 매우 크다. 이에 교과서 문제에 대한 감을 잃지 않고자 다시 교과서로 돌아와 문제를 4번 반복해서 푼다.

　교과서 문제를 풀 때, 단순 연산 문제는 가볍게 풀고 넘어가도 되지만 중단원 마무리 문제나 대단원 마무리 문제 등 중요한 문제들은 여러 번 풀면서 숙지하자. 문제를 딱 보았을 때 1초 만에 문제 풀이의 흐름이 머릿속에 떠오를 정도로 완벽히 익혀야 한다. 그 정도로 훈련이 되어 있으면 교과서 문제를 변형해서 낸 문제들은 바로 맞히고서 들어갈 수 있다.

　지금까지 다양하고 많은 문제를 푼 만큼 시험 보기 일주일 전에는 공부한 내용을 총정리하는 시간이 필요하다. 그동안 오답 노트에 정리해 둔 내용들, 즉 '문제를 틀린 이유'와 '문제에 적용된 수학적 발상', '앞으로 조심해야 할 점' 등을 모두 꼼꼼히 읽고 머릿속에 새긴다. 정리해 두기만 하고 복습하지 않으면 아무런 의미가 없다. 그동안의 공부 기록을 정독하면서 이번 시험에서 같은 실수를 반복하지 않도록 유의한다.

　마지막으로 내신 기출문제를 풀면서 실전 감각을 배양한

다. 기출문제를 통해 우리 학교의 시험 스타일을 파악하는 것은 물론이고 이번 시험의 출제 방향까지도 짐작할 수 있다. 특히 어떤 유형의 고난도 심화 문제가 출제될지 가늠해 볼 수 있으니, 최상위권으로 자리매김하고 싶다면 반드시 기출문제를 풀어보아야 한다.

특히 내신 기출문제는 3개년 분량을 풀어보기를 추천한다. 3년 전, 2년 전 문제는 전반적인 시험 유형을 분석하기 위해서 천천히 꼼꼼하게, 작년 기출은 실전 연습을 위해 실제 시험처럼 시간을 재면서 긴장감 있게 푼다.

수학 시험에서 중요한 것 중 하나는 시간 관리다. 시험 시간에 마주하게 될 다양한 상황들에 대한 자신만의 행동 원칙을 세워두고 시간 안에 기출문제를 풀면서 확실히 훈련하자. '풀이가 막힐 때는 3분 동안만 고민해 보고 넘긴다, 서술형 문제에서 답을 모르겠으면 최대한 관련 개념이라도 적는다'와 같은 행동 요령을 수립한다. 기출문제를 실제 시험 보듯 제한 시간 안에 풀면서 행동 요령을 지키며 실전 감각을 더욱 키운다.

빠른 속도로
지문의 핵심을 간파한다

외우기 싫어도 외워지는
영단어 암기의 5단계

영어 공부의 기본은 단어다. 단어만 잘 알아도 영어 독해가 훨씬 쉬워진다. 우리나라 영어 과목의 교육과정상 초등학교 때 500개, 중학교 때 750개의 새로운 어휘를 배우게 된다고 한다. 고등학교 때는 선택과목에 따라 다르지만 평균적으로 2500개 정도의 어휘를 새로 학습한다. 즉 우리는 대학교 입학 전까지 총 3750개의 단어를 배우고 외워야 하는 것이다. 어떻게 하면 이 많은 단어를 완벽하게 암기할 수 있을까?

학창 시절에 늘 이런 고민을 품었던 나는 나만의 영단어 암기법을 개발하기 시작했다. 최종적으로 완성한 나의 암기법은, 단언컨대 한 단어도 빠짐없이 암기하여 단어장을 완벽한 내 것으로 만드는 방법이다. 쉽게 외워지는 단어는 한두 번 보고 넘어가지만 정말 안 외워지는 단어는 5~6번 이상 계속 보게 만드는, 극한의 효율을 자랑하는 공부법이다.

이 암기 방식은 이미 유튜브 조회수 약 150만 회를 달성할 정도로 수많은 수험생에게 뜨거운 관심을 받았다. 지금부터 나의 영단어 암기법 5단계를 공개한다. 이 암기법대로 영단어를 외우면 보다 많은 단어를 오래 기억할 수 있다.

1단계 좋은 단어장 선정하기

단어 암기의 첫걸음은 좋은 단어장을 고르는 것이다. 내가 생각하는 좋은 단어장의 기준은 다음의 4가지다.

1 나에게 적합한 난이도인가?

단어장을 쭉 훑어봤을 때 단어장에 수록된 전체 단어 중 자신이 모르는 단어가 70% 이상이어야 한다. 이미 알고 있는 단어가 많은 단어장은 새롭게 배울 어휘가 적어 나에게 적합하지 않은 난이도이므로 피해야 한다. 반대로, 자신의 수준보다 훨씬 높은 수준의 단어로 구성된 단어장 또한 학습의 부담을 주기에 추천하지 않는다.

2 내신 및 수능의 필수 어휘들이 수록되어 있는가?

입시에 필요한 어휘들은 따로 있다. 내신과 수능 문제에서 자주 출제되는 단어 위주로 정리된 단어장인지 판단하여 선택한다.

3 예문이 풍부하게 실려 있는가?

단순히 단어와 뜻만 보면서 외우는 것보다 단어를 활용한 예시 문장을 함께 살펴보면 그 의미를 이해하는 데 훨씬 도움이 된다. 단어와 함께 예문을 풍부하게 제시하는 단어장을 선택한다.

4 복습 TEST가 마련되어 있는가?

단어를 살펴보는 데서 그치지 않고 완벽하게 암기했는지까지 확인해 보는 절차를 통해 단어를 놓치지 않고 머릿속에 확실히 각인할 수 있다. 단어만 쭉 제시하는 것이 아니라 간단한 복습 시험도 마련되어 있는 단어장을 선택한다.

이 기준을 고려하여 자신에게 맞는 단어장을 고르자. 각자 자신에게 꼭 맞는 단어장을 골라 암기하면 되는데, 기본적으로 『Word Master 워드마스터』 시리즈와 『능률 VOCA 어원 편』 두 권은 꼭 공부하기를 추천한다. 『Word Master 워드마스터』 시리즈는 초등부터 고등까지 각 시기에 맞춰 구성되어 있어 직접 살펴보고 자신의 수준에 맞는 버전을 고르면 된다. 특히 『Word Master 워드마스터 수능 2000』은 수능에 자주 출제되는 단어들만 추려서 구성되어 있으니 예비 고1~고3 학생들은 반드시 살펴보길 바란다.

한편 『능률 VOCA 어원 편』은 어원으로 단어를 익히도록 구성되어 있다는 점이 특징이다. 어원만 알아도 수많은 단어의 의미가 자연스럽게 파악되니, 모르는 단어가 불쑥 튀어나와도 어원을 통해 뜻을 유추할 수 있다. 중2~고1의 독자에게는 이 단어장을 권한다.

2단계 아는 단어와 모르는 단어 구분하기

보통 단어장은 DAY별로 구성된다. 그리고 각 DAY의 시작 페이지에 해당 DAY에서 배울 단어들이 모두 뜻 없이 적혀 있다. 이 시작 페이지에 제시된 단어들을 먼저 살펴보면서 뜻을 말해보는 것이 첫 단계다. 그 후 다음 장을 넘겨 단어의 뜻을 확인하고, 헷갈리거나 몰랐던 단어는 단어 옆에 작게 별표를 친다. 이를 통해 내가 이미 아는 단어와 모르는 단어를 구분하는 것이다. 알고 있는 단어를 다시 살펴보고 외우는 건 시간 낭비. 우리는 모르는 단어만 골라 암기해야 한다. 나중에 복습할 때도 이렇게 평소 별표를 해둔 단어만 집중해서 보면 된다.

3단계 단어 암기하기

이제 본격적으로 오감을 활용하며 단어 암기에 들어간다. 예를 들어 '공급하다, 제공하다'라는 뜻의 'provide'를 외운다고 하자. 그러면 '프로바이드, 공급하다, 제공하다, 프로바이드, 공급하다, 제공하다…'처럼 단어와 뜻을 소리 내어 여러 번 읽는다. 눈으로도 반복해서 읽고, 글씨로도 여러 번 쓴다. '읽고, 쓰고, 말하고'의 3가지 과정을 모두 거쳐야 한다. 다양한 감각을 사용하여 암기할수록 훨씬 기억에 잘 남기 때문이다.

아울러 다양한 예문을 살펴보는 과정이 중요하다. 단어의 뜻을 기계적으로 암기하기보다 실제 문장에서 그 단어가 어떠한 뉘앙스로 쓰이는지를 알아야 한다. 그리고 어떤 전치사와 같이 쓰이는지, 어떠한 형태로 주로 쓰이는지 등을 알아야 독해할 때 의미를 곧바로 파악할 수 있다.

단어장에 제시된 예문은 당연히 꼼꼼하게 읽고 해석해야 한다. 예문이 잘 와닿지 않으면 인터넷 영어사전에 단어를 검색해서 새로운 예문을 찾아본다. 해당 단어가 주로 사용되는 형태이며 의미가 잘 와닿는 예문 1~2개를 골라 단어장에 따로 적은 다음, 예문을 읽어보며 체화한다.

이러한 과정으로 전체 단어를 공부한 후 다시 앞으로 돌아가서 반복 암기한다. 머릿속에 단어들이 거의 완벽히 암기되었다는 느낌이 들면 테스트로 넘어간다. 테스트를 보고 틀린 단어에는 별표를 하나씩 추가한다. 별표 친 단어는 다시 복습한다.

4단계 **누적 복습하기**

인간은 망각의 동물이기 때문에 시간을 두고 자주 복습

해야 한다. 나는 '3일 기준 누적 복습'을 했다. 오늘 외워야 하는 단어가 있으면 어제와 그저께 외운 단어들을 먼저 복습한 다음 오늘 외울 단어를 암기하는 것이다. 예를 들어 오늘 DAY3 단어를 공부할 차례라면, DAY1과 DAY2 단어들은 뜻을 가린 채 영단어만 보며 뜻을 말해본다. 뜻이 떠오르지 않아 막히는 단어가 분명 있을 것이다. 그러면 또 별표를 한다. 이런 식으로 가볍게 단어 시험을 보고 별표 친 단어는 다시 한번 꼼꼼하게 암기한다. 뜻을 제대로 대답한 단어들은 간단하게 눈으로만 단어와 뜻을 훑고 넘어간다.

DAY1, DAY2 복습이 끝나면 앞서 3단계에서 언급한 방법대로 DAY3 단어들을 암기한다. 이렇게 암기하면 DAY 하나를 총 3일간 공부하는 게 된다. 그래서 3일 기준 누적 복습법이라고 부르는 것이다.

그런데 3일 동안 단어를 꾸준히 외운다고 그게 평생 기억에 남을까? 절대 아니다. 그중에서 몇 %는 자연스럽게 망각된다. 그래서 일주일마다, 한 달마다 정기적으로 테스트를 하여 머릿속에 잘 암기되어 있는지 확인해야 한다. 이때 그동안 외웠던 모든 단어에 대해 테스트를 보기에는 너무 많은 시간이 소요되므로, '별표 2개 이상인 단어'만 추려서 자가 테스트를 본다.

나는 자가 테스트를 할 때 '퀴즐렛Quizlet'이라는 단어 암기 사이트를 이용했다. 스마트폰 앱도 있고 PC버전도 있는데, 나는 PC버전을 사용했다. 컴퓨터 타자로 단어를 치는 게 속도가 빨라서였다. 퀴즐렛에 접속해 단어와 뜻을 쭉 입력하면 단어 퀴즈를 볼 수 있다. 이 퀴즈를 통해 단어 복습을 한다.

최근 퀴즐렛이 부분 유료화가 되었으니 무료 앱인 'Lexilize 플래시카드', 'Onevoca' 등을 활용해도 좋다. 퀴즐렛과 비슷하게 다양한 방식의 퀴즈를 제공한다. 퀴즈를 풀고 틀린 것은 단어장에 별표를 한다. 별표 친 단어는 앞서 해왔던 것처럼 다시 암기한다. 이렇게 일주일마다, 한 달마다 전체 단어 중 별표가 많은 단어 위주로 퀴즈를 보고 별표 치고 암기하는 과정을 반복하다 보면 단어가 모조리 외워진다. 외우기 싫어도 외워진다.

영단어 자가 테스트를 진행할 수 있는 퀴즐렛 사이트 예시

5단계 **수시 복습하기**

평소 밥을 먹다가도 단어장을 무작위로 펼쳐서 단어를 눈으로 쭉 훑어본 다음, '어? 이건 무슨 뜻이더라?'하는 단어는 별표를 친다. 이런 식으로 틈날 때마다 수시로 복습을 하자. 이 단계까지 오면 단어장을 1회독한 것이다. 그런데 단어장 암기는 1회독으로 끝내지 말고 2, 3회독까지 거쳐야 한다. 그렇게 해야 단어장을 마스터한 것이라 볼 수 있다. 한 단어장을 3회독까지 마친 후, 다음 단계의 단어장으로 넘어간다.

구문, 문법을
머릿속에 확실히 새겨라

　문장을 완벽히 독해하기 위해서는 단어 공부와 함께 구
문과 문법의 기초를 제대로 다져야 한다. 구문은 『천일문』
시리즈로 공부하기를 추천한다. 주어, 목적어, 보어, 서술어
등 구문의 기본 구조를 학습하고 여러 문장들로 다양한 구
문을 체화할 수 있다. 나는 『천일문』을 공부할 때 구문 유형
마다 한 문장씩 가볍게 암기했다. 실제 문장을 곁들여 외우
면 구문이 훨씬 더 기억에 잘 남았기 때문이다. 여러 예시
문장 중에서 가장 간단하고 외우기 쉬운 문장을 외우면 된
다. 달달 암기하기보다는 여러 번 읽어본 후 즉석에서 외워
서 소리 내 암송하는 방식으로 암기했다.

　문법은 중학 기초가 부족한 경우 『중학영문법 3800제』
시리즈를 추천한다. 학년별로 구성되어 있으니 서점에서
직접 교재를 살펴본 후 자신의 수준에 맞는 교재를 고르자.
중학 문법 개념이 잘 잡혀 있다면 『그래머존』 기본 편 또는
종합 편으로 고등 문법을 공부하면 좋다. 꼭 이들 교재가 아

니어도 직접 서점에서 여러 교재를 살펴보고 콘텐츠가 충실한 교재를 발견한다면 그것으로 공부해도 무방하다.

문제집을 독학하기가 부담스럽다면 EBS 등 인터넷 강의를 병행하라. 나는 EBS에서 「주혜연의 해석공식」과 「로즈리의 Grammar Holic」 강의를 들으면서 도움을 많이 받았다. 자신의 수준에 맞는 몇 가지 강의를 맛보기로 들어보고, 가장 잘 맞는 선생님의 커리큘럼을 따라가라.

전략적으로 핵심을 파악한다

영어 독해에서는 글의 핵심 내용을 정확히 파악하는 것이 가장 중요하다. 지문을 처음부터 끝까지 소설책 읽듯이 죽죽 읽으면 반드시 뒤에 가서 시간이 부족해진다. 글을 완벽히 다 읽고 해석하려고 하기보다는 글의 전반적인 맥락을 제대로 이해하는 데 방점을 두어야 한다. 보통 글의 초중반 부분을 집중해 읽으면 글쓴이의 의도가 드러나는 문장을 발견할 수 있다. 그렇게 핵심 문장을 기준 삼아 글의 뒷부분의 내용을 예측하며 빠르게 독해하라.

글을 대충 읽으라는 말이 아니다. 그리고 다 읽지 말라는 뜻도 아니다. 글의 핵심 내용을 파악하고, 이를 바탕으로 뒷부분을 예상하며 읽으라는 말이다. 영어 지문은 두 가지 유형으로 나뉜다. 글의 핵심 주장이 처음부터 끝까지 그대로 유지되는 지문과, 중간에 한 번 반전되는 지문이 그것이다. 예를 들면 'A는 좋다→A는 좋다'로 핵심 내용이 유지되면 전자에 해당하며, 'A는 좋다→그런데 B라는 문제가 있다'로 핵심 내용이 바뀌면 후자에 해당한다. 그러니 글의 도입부에서 핵심 내용을 제대로 파악하고, 뒷부분을 읽으며 핵심 내용이 끝까지 유지되는지 아닌지를 확인하며 읽어라. 선지를 읽을 때도 글의 핵심 주장을 정오 판단의 기준으로 삼아야 한다. 예를 들어 글의 도입부가 아래와 같다고 하자.

Greenwashing involves misleading a consumer into thinking a good or service is more environmentally friendly than it really is. Greenwashing ranges from making environmental claims required by law, and therefore irrelevant (CFC-free for example), to puffery (exaggerating environmental claims) to fraud. Researchers have shown that claims on products are often too vague or misleading. Some products are labeled "chemical-free," when the fact is everything contains chemicals, including plants and animals.

그린워싱은 소비자가 재화나 서비스를 그것이 실제보다 더 친환경적이라고 생각하도록 현혹시키는 것을 포함한다. 그린워싱은 법에 의해 요구되는 환경적 주장을 하는 것, 그래서 무의미한 것(예를 들어 CFC-free)에서부터 과대 광고(환경적 주장을 과장하는 것), 사기에 이르는 것까지를 포함한다. 연구자들은 제품에 관한 주장이 종종 지나치게 모호하거나 오도하고 있다는 점을 보여 주었다. 몇몇 제품들에는 실제로 식물과 동물을 포함해서 모든 것에 화학물질이 들어 있음에도 "화학물질 없음"이라고 표기되어 있다.

출처: 2022년 9월 고2 모의고사 영어 영역 40번 문항

독해 전략을 터득하지 못한 학생들은 보통 다음과 같은 생각의 흐름으로 위 지문을 읽게 된다.

'그린워싱… 소비자를 잘못 이끈다… 재화나 서비스가 실제보다 더 환경적이라 생각하도록… 재화와 서비스! 사탐에서 배웠는데… 그다음… 환경적 주장… 음? puffery? 이게 뭐지? 아, 뭐라는 거야….'

문장이 담고 있는 핵심 내용은 물론 전반적인 글의 흐름을 파악하지 못하고 있다. 반면 영어 지문을 올바르게 독해하는 전략을 터득한 학생은 다음과 같은 사고의 흐름으로 빠르게 핵심을 정리한다.

'그린워싱, misleading, vague. 아하! '그린워싱 = 나빠'라는 말이구나. 이 흐름을 중심으로 뒤 내용도 읽어보면 되겠다.'

영어 지문의 모든 문장을 완벽하게 해석하려 하기보다는 핵심이 되는 단어들 위주로 짚어가며 핵심 주장을 빠르게 파악해야 한다. 모르는 단어가 몇 개 나와도 당황할 필요가 없다. 문장의 전체적인 내용을 짐작하고 핵심 주장은 최대한 간단하게 나만의 용어로 정리한다. 예시에서 '그린워싱 = 나빠'로 단순하게 표현한 것처럼 말이다. 학년이 올라갈 수록 영어 지문의 문장이 더 길고 복잡해지므로 핵심 내용을 명확하게 파악하기가 어려워진다. 그럴 때 'A = B'의 형식으로 핵심을 간단하게 정리하는 습관을 지니면 독해 실력이 빠르게 향상된다.

분석 노트로
출제 경향까지 간파한다

　내신 시험에 확실히 통하는 지문 분석 방법을 전수하겠다. 바로 '분석 노트' 작성이다. 분석 노트란 모든 유형의 시험문제에 대비하기 위하여 본문을 완벽히 분석해 놓은 노트이다. 분석 노트를 작성하기에 앞서 먼저 본문에 대한 완벽한 이해가 선행되어야 한다. 지문을 쭉 읽어보며 ① 모르는 단어의 뜻을 파악하고, ② 모르는 문법 개념을 공부하고, ③ 한글 해석을 보고 해석이 잘 안 되었던 문장의 의미를 확실하게 익힌다. 본문의 내용을 모두 이해했으면 그 후 본격적으로 분석 노트를 작성한다.

가장 먼저 분석 노트로 사용할 노트를 마련한다. 필기하기 편리하고 평소 가지고 다니면서 읽기에도 간편한 유선 스프링 노트를 추천한다. 우선 노트에 검정색 볼펜으로 영어 지문을 필사한다. 한 줄 쓰고 한 줄 띄우는 식으로 본문을 적는다. 지문에 대한 분석 내용을 필기할 공간을 확보하기 위해서다. 이때 모의고사나 『EBS 수능특강』 교재의 지문을 분석한다면 살펴볼 지문의 양이 방대하므로 필사하는 과정은 생략한다. 모의고사의 경우 새로 프린트한 모의고사 시험지를, 수능특강의 경우 필기가 되어 있지 않은 깨끗한 교재를 준비한다. 그리고 지문에 바로 분석 내용을 적으면 된다.

그 후 빨간색 볼펜으로 지문에 사용된 문법 요소를 찾아 동그라미표를 한다. 시험 문제로 출제될 가능성이 1%라도 있는 모든 문법은 빨간색으로 표시하고, 그 문법이 사용된 이유를 동그라미표 밑에 작은 글씨로 적는다. 그다음에는 파란색 볼펜으로 지문에서 접속사를 찾아 세모 표시를 한다. 'But', 'Therefore' 등 접속사가 들어 있는 문장이 지문에서 핵심적인 역할을 하기에 이를 쉽게 파악하기 위함이다. 접속사 자리를 빈칸으로 제시하고 알맞은 단어를 찾으라는 시험 문제도 종종 출제된다.

노트의 맨 위에는 글의 주제를 정리하여 한 문장으로 적는다. 교과서 본문의 경우 한 페이지당 주제를 각각 적어야 한다. 본문의 일부분을 지문으로 제시하며 '이 글의 주제로 알맞은 것은?', '이 글의 제목으로 적절한 것은?'과 같은 시험 문제가 자주 출제되기 때문이다. 지문의 주제는 보통 교과서 자습서에 정리되어 있다. 만약 제시되어 있지 않다면 직접 주제를 적절히 구상해서 적으면 된다. 모의고사 지문의 경우 지문 전체에 대한 주제를 간단하게 한 문장으로 적는다.

마지막으로 노트 맨 하단에는 개요를 적는다. 개요는 글의 흐름이 어떤 식으로 진행되는지를 화살표로 간단하게 정리한 것이다. 글의 개요를 알아두면 문장 순서 배열 문제나 문장 삽입 문제, 글의 흐름과 관계없는 문장 찾기 문제 등을 풀 때 수월하다. 글의 주제와 개요는 다른 개념임을 유념하자. 주제는 글 전체의 내용을 한 문장으로 축약한 것이고, 개요는 글의 전반적인 흐름을 요약하여 나타낸 것이다. 둘의 개념이 다르므로 각각 정확하게 정리해야 한다.

지문 분석을 마친 후 마지막으로 해야 할 일이 있다. 바로 선생님께서 수업 시간에 강조한 내용을 형광펜으로 표시하는 것이다. 수업 시간에 필기하라고 언급했거나 강조한 부분은 시험 문제로 출제될 가능성이 가장 크다. 이 부분을 놓치지 않기 위해 형광펜을 이용해 눈에 가장 잘 띄도록 표시한다.

이렇게 분석 노트를 만들면 3가지 장점이 있다. 첫째, 암기를 아주 효율적으로 할 수 있다. 지문에서 중요한 내용이 모두 표시되어 있으니 그 부분을 중점적으로 암기하면 된다. 둘째, 교과서나 자습서 등 여러 책을 들춰가며 읽을 필요 없이 분석 노트 한 권만 살펴보면 되니 편리하다. 셋째, 시험에 나올 수 있는 모든 문제 유형을 확실하게 대비할 수 있다.

분석 노트에 지문을 완벽히 정리했다면, 이제 해야 할 것

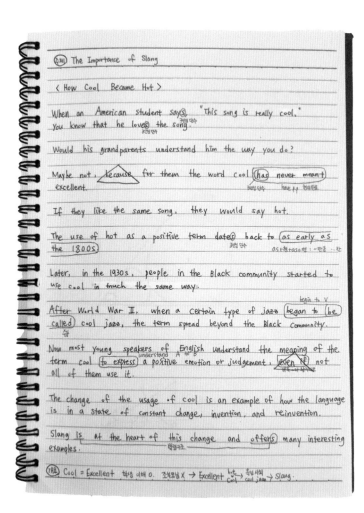

(주제) The Importance of Slang

< How Cool Became Hot >

When an American student say(s), "This song is really cool,"
you know that he love(s) the song.

Would his grandparents understand him the way you do?

Maybe not, because for them the word cool (has never meant)
excellent.

If they like the same song, they would say hot.

The use of hot as a positive term date(s) back to (as early as
the 1800s).

Later, in the 1930s, people in the Black community started to
use cool in much the same way.

After World War II, when a certain type of jazz (began to (be
called) cool jazz, the term spread beyond the Black community.

Now most young speakers of English understand the meaning of the
term cool (to express) a positive emotion or judgement, (even if) not
all of them use it.

The change of the usage of cool is an example of how the language
is in a state of constant change, invention, and reinvention.

Slang is at the heart of this change and offer(s) many interesting
examples.

(개념) Cool = Excellent 학생 이해 O. 조부모님 X → Excellent hot → cool → cool jazz → slang.

분석 노트 예시

은 암기다. 나는 지문 전체를 통째로 암기하는 '통암기'보다는 중요한 부분만 선별해서 외우는 '선택적 암기'를 했다. 그렇다면 무엇이 중요한 부분일까? 답은 여러분도 알 것이다. 바로 앞서 분석 노트에서 표시한 내용이다. '문법, 접속사, 제목, 개요, 선생님이 강조한 내용' 이 5가지 요소들을 중심으로 암기한다.

5가지 요소 중 가장 먼저 암기해야 하는 것은 '선생님이 강조한 내용'이다. 내신 시험의 출제자는 선생님이므로, 선생님이 중요하다고 언급한 내용은 시험 문제로 출제될 가능성이 가장 높을 수밖에 없다. 선생님이 강조한 부분은 빈칸으로 제시되었을 때 완벽하게 쓸 수 있을 만큼 암기하자.

그다음으로는 '문법'이 중요하다. 문법은 개념이 까다롭고, 시험에 단골로 나오는 문제 유형이기 때문에 열심히 암기해 두어야 한다. 이와 함께 '접속사'도 문제로 많이 나오는 부분인데, 문법처럼 난도가 높지는 않아서 여러 번 읽으며 익히는 느낌으로 자연스럽게 암기한다. 그 후 마지막으로 '주제'와 '개요'를 외운다. 주제와 개요를 완벽히 암기하지 않아도 문제는 맞힐 수 있다. 그러나 종종 글의 내용이나 흐름과 관련하여 헷갈리는 문제가 출제될 때도 있으니 완벽히 대비하기 위해서는 암기해 두는 게 좋다.

덩어리로 만들면 더 오래 기억된다

선택적 암기를 하다 보면 보통 두 단어 이상의 여러 단어를 한 번에 외워야 하는 경우가 많다. 그때는 '덩어리 암기법'을 사용하자. 덩어리 암기법이란, 문법적으로 연결성을 지니는 3~6개의 단어를 하나의 덩어리로 생각하고 외우는 것이다. 문장의 단어 하나하나를 외우기보다 덩어리 몇 개로 숭덩숭덩 나누어서 한 번에 외우면 머릿속에 훨씬 더 잘 각인된다. 예를 들어 다음과 같은 문장이 있다고 하자.

> She believed in what her family had started, and she was determined to see it through.

> 그녀는 그녀의 가족이 시작했던 일을 믿었고, 그것을 끝까지 해
> 내겠다고 결심했다.

앞 문장을 아래와 같이 의미 단위로 3~6개의 단어씩 한 덩어리로 묶어서 암기하기 쉬운 형태로 만든다.

> She believed in / what her family had started, / and she
> was determined / to see it through.

이렇게 하나의 긴 문장을 작은 묶음으로 쪼갠 다음 소리 내어 읽으며 암기한다. 랩을 할 때 리듬을 넣어 가사를 외우 듯, 문장을 외울 때도 묶음을 구분하며 리듬감을 살려 외운 다. 그러면 문장이 입에 착착 감긴다. 단어 하나하나를 단조 롭게 읽는 것보다 문장을 덩어리로 쪼개 리듬감 있게 외우 는 것이 나의 영어 1등급 비결이다.

이 방법은 인지과학적으로 그 효과가 증명된 방법이다.

프린스턴대학의 인지심리학 교수인 조지 밀러^{George Miller}는 단기기억의 정보를 처리할 때 기억의 단위가 단일 정보가 아닌 하나의 의미로 묶어지는 덩어리^{chunk}임을 밝혀냈다.[*] 즉 의미적으로 연결되는 덩어리를 만들어 암기하면 개별 정보를 암기할 때보다 더 많은 내용을 한 번에 암기할 수 있는 것이다.

'ngobgmfbiceo'라는 무작위적인 알파벳 배열을 암기해야 한다고 해보자. 알파벳 하나하나를 외우면 단번에 외울 수 있는 사람은 별로 없을 것이다. 그런데 NGO, BGM, FBI, CEO라는 네 개의 덩어리로 나누어 해당 문자열을 암기하면 어렵지 않게 외울 수 있다.

또한 밀러의 연구에 따르면 인간의 단기기억에서 한 번에 처리할 수 있는 정보의 용량은 최소 5개에서 최대 9개의 덩어리라고 한다. 개인의 인지 능력에 따라 조금씩 차이는 있지만 평균적으로 덩어리가 7개를 넘어가면 온전히 암기하는 데 어려움이 생긴다는 뜻이다. 따라서 덩어리 암기법

---

[*] Miller, G. A, "The Magical Number Seven, Plus or Minus Two: Some Limits on our Capacity for Processing Information", Psychological Review, vol.63, 1956.

을 시도할 때는 덩어리가 최대 7개를 넘어가지 않도록 적절히 조절해야 한다. 덩어리 암기법은 영어 본문을 암기할 때뿐만 아니라 다른 과목을 공부할 때도 활용할 수 있는 효과적인 암기법이니, 내용 암기가 필요한 다른 과목에도 적용해보자.

3주 만에 끝내는
영어 내신 루틴

영어는 영단어와 구문, 문법의 기본기를 갖춘 다음 시험 범위 지문을 전략적으로 암기하고 익히면 좋은 성적을 받을 수 있다. 많은 학생이 내신 영어는 본문을 달달 외워야 하지 않느냐고 물어본다. 중학생 때는 시험 범위에 해당하는 영어 지문의 분량이 적어서 통암기가 가능하다. 그러나 고등학생이 되면 교과서는 물론 부교재와 모의고사 지문 수십 개가 모두 시험 범위에 포함되기 때문에 통암기가 사실상 불가능하다.

시험에 나올 확률이 높은 요소들을 중심으로 선택적으로 암기하는 전략을 구사해야 한다. 지문을 여러 번 읽고 문제를 많이 풀어보면서 자연스럽게 지문을 익히고 중요한 요소만 선별적으로 외운다. 나의 전매특허 공부법인 '분석 노트 공부법'을 바탕으로 무조건 영어 1등급을 달성하는 방법을 전수하겠다.

시험 3주~2주 전	분석 노트 만들기 ㅣ 암기하기
시험 1주 전	평가문제집, 지문 변형 문제 풀기 ㅣ 서술형 대비하기

시험 3주~2주 전 **분석 노트로 지문을 꼼꼼히 익힌다**

시험 3주 전부터 분석 노트를 만들기 시작한다. 시험 범위에 해당하는 영어 지문을 직접 필사하고 문법 요소와 접속사, 글의 주제와 개요를 정리하면서 지문을 완벽히 분석한다. 무엇보다 수업 시간에 선생님이 강조한 개념을 꼼꼼히 다시 살펴보고 익혀야 한다. 이를 통해 시험에 출제될 내용을 예상하고 대비한다.

시험 1주 전 **문제 유형을 파악하여 최상위권에 안착한다**

시험 1주 전에는 평가문제집을 푼다. 평가문제집은 교과서를 출간한 출판사에서 교과서 내용을 기반으로 출제한 문제들로 구성되어 있어 실제 시험 문제가 어떤 식으로 나올지를 예상할 수 있다. 하지만 이것만으로는 부족하다. 평가문제집과 함께 지문 변형 문제까지 풀어야 고난도 문제까지 정답을 맞힐 수 있다. 지문 변형 문제란 사설 영어학원이나 내신 공유 사이트에서 해당 지문을 바탕으로 직접 제작한 문제를 뜻한다. 다방면으로 고민하고 심화하며 학습할 수 있기에 최상위권을 노린다면 반드시 풀어봐야 한다.

학원을 다닌다면 학원에서, 독학한다면 수험생 인터넷 사이트에서 변형 문제를 내려받으면 된다. 문제를 구할 수 있는 사이트로는 황인영영어카페, 기출비, EXAM4YOU(이그잼포유), 아잉카, 나무아카데미 등이 있다. 무료인 자료도 있고 유료인 자료도 있으니 잘 찾아보고 양질의 자료를 내려받아 활용하자.

영어 시험에서는 서술형 문제가 변별력 있는 난이도로 출제되기 때문에 서술형 문제를 따로 대비해야 한다. 물론

1교시 국어

2교시 수학

3교시 영어

4교시 한국사

5교시 탐구

변형 문제 자료를 얻을 수 있는 사이트 TOP7

- 황인영영어카페
- 기출비
- EXAM4YOU(이그잼포유)
- 아잉카
- 나무아카데미
- 아이티치포유
- 족보닷컴

서술형 변형 문제로도 어느 정도 대비할 수 있지만 더 완벽히 익히기 위해서는 분석 노트를 활용하자. 분석 노트를 읽어보며 서술형 문제로 출제될 만한 문장을 표시하고 그 문장을 직접 손으로 써가며 외운다. 서술형으로 나올 만한 문장은 통째로 완벽히 암기해야 한다. 시제, 수동태, 분사 구문 등 헷갈리기 쉬운 문법 개념이 포함되어 있거나 도치, 가정법, 비교급 등 특수한 구문이 있다면 정확히 익히고 확실히 외우자.

흐름을 그리며
개념을 암기한다

무조건
흐름부터 잡는다

한국사는 흐름을 이해하는 게 가장 중요하다. 사건 하나하나를 암기하듯이 공부하면 내용이 어렵고 지루하게 느껴지니 각 사건이 유기적으로 연결되는 큰 흐름을 파악해야 한다. 그러면 비로소 각 사건이 어떤 의미를 지니는지가 마음속 깊이 이해되기 시작한다. 말하자면 '무수히 많은 점을 선으로 이어서 하나의 큰 그림을 그린다'라는 생각으로 공부하는 것이다. 점(사건) 하나하나를 개별로 보면 서로 아무런 연관이 없어 보이지만, 그 점들을 하나의 선(흐름)으로 이으면 유기적인 이야기로 이해할 수 있다.

이를 위해서는 교과서 첫 장부터 세세한 내용을 암기하려는 마음가짐을 버려야 한다. 대신 소설을 읽는다는 마음으로 전체 이야기의 흐름을 파악하자. 처음에는 사건들의 맥락을 훑고 이해하는 것을 목표로 두고 두 번, 세 번 반복해서 읽으면서 점차 세부적인 정보들까지 기억하도록 하자.

한국사를 공부할 때는 표와 연표를 적극적으로 활용한다. 한국사 시험에는 둘 이상의 대상을 비교하는 문제가 빈번하게 출제된다. 대상들 간의 공통점과 차이점을 정확히 알아야 맞힐 수 있는 문제들이다. 이때 표를 그려 각 대상의 특성을 비교하여 정리하면 공통점과 차이점을 확실하게 파악할 수 있다. 암기할 때도 표로 정리된 내용을 암기하는 게 줄글로 된 내용을 암기하는 것보다 효과적이다.

그리고 내신 시험을 대비할 때는 반드시 연표를 직접 그려보자. 전체 시험 범위를 모두 연표로 그릴 필요는 없다. 다만, 공부할 때 사건의 순서가 중요한 특정 시기들을 맞닥 떨어뜨릴 것이다. 예를 들어 동학 농민 운동부터 갑오개혁, 을미개혁까지의 사건들은 그 순서가 반드시 문제로 출제되는 내용이다. 이런 작은 흐름들은 직접 타임라인에 사건을 표시해서 적고 익혀두어라. 그러면 각 사건이 전체적인 하나의 흐름으로 보이기 시작하고, 사건의 순서를 묻는 문제 유형도 대비할 수 있다.

3주 만에 끝내는 한국사 내신 루틴

시험 3주 전	교과서 1, 2회독
시험 2주 전	교과서 3회독 ㅣ 프린트 자료 읽기 ㅣ 자습서 풀기
시험 1주 전	평가문제집 풀기 ㅣ 교과서 4, 5회독 ㅣ 서술형 대비

시험 3주 전 교과서를 정독하며 개념을 익힌다

시험 3주 전에 교과서를 두 번 정독한다. 첫 회독은 내용 이해와 흐름 파악을 목적으로, 두 번째 회독은 핵심 내용 암기를 목적으로 공부한다.

먼저 1회독을 할 때는 교과서 본문과 날개 설명, 사료 등을 빠짐없이 읽는다. 잘 이해되지 않는 내용이 있으면 인터넷에 검색해서 여러 자료를 찾아보며 궁금한 점을 최대한 해결하고 넘어간다. 많이들 한국사는 대표적인 암기 과목이라고 하지만 사실 한국사는 개념에 대한 이해가 정말 중요한 과목이다. 제대로 이해하면 굳이 외우려 노력하지 않아도 저절로 외워지는 개념이 많다. 그렇기에 잘 이해되지 않는 부분은 능동적으로 궁금증을 해결해 나가며 이해하고 넘어가도록 하자.

2회독을 할 때는 전체 흐름을 이해한 것을 바탕으로 핵심 내용을 암기하기 시작한다. 교과서 내용을 꼼꼼히 정독한 후 중요한 개념은 머릿속으로 다시 새기면서 가볍게 암기하고 익힌다. 예를 들어 흥선대원군의 개혁 정책에 대한 내용을 읽은 후에는 다음과 같이 머릿속으로 내용을 정리하며 자연스럽게 암기하는 것이다.

'흥선대원군의 개혁 정책이 뭐가 있었지? 자, 일단 정치기강을 잡기 위해 통치 체제를 재정비했어. 그리고 무너진 왕실의 권위를 세우기 위해 경복궁을 중건했지. 또 당시에 삼정이 문란했기 때문에 삼정을 개혁했어. 그리고 뭐더라… 아! 맞다. 서원을 정리했다.'

시험 2주 전 **문제를 풀며 개념을 적용한다**

시험 2주 전에는 교과서를 세 번째로 정독한다. 3회독 때는 중요한 내용은 거의 외운 상태에서 다소 지엽적인 내용까지 슬슬 암기하기 시작한다. 세부 개념이나 시험에 나올 법한 사료, 지도 자료 등을 빈틈없이 살펴보고 암기한다. 수업 자료로 받은 프린트물이 있다면 그 내용도 가볍게 읽고 암기한다.

이제 교과서 내용을 기반으로 개념들이 어느 정도 암기된 상태이기 때문에 자습서를 풀기 시작한다. 개념을 모두 잘 이해하고 암기했다고 해서 모든 문제의 정답을 맞힐 수 있는 것은 아니다. 문제를 풀기 전에는 스스로 공부를 확실히 했다고 생각하지만, 막상 문제를 풀어보면 개념을 잊어버린 경우도 있고 여러 내용이 뒤죽박죽되어 틀리는 경우도 많을 것이다. 그래서 개념을 완벽히 익혔다고 해도 꼭 문제를 풀면서 적용하고 확인해야 한다. 틀린 문제는 해설을 읽으며 개념을 다시 복습하고, 오개념은 교과서를 다시 읽어보며 바로잡는다.

시험 1주 전 놓친 개념을 확인한다

시험을 일주일 앞둔 시점부터는 평가문제집을 풀며 실전 감각을 익힌다. 한국사는 과목 특성상 수학처럼 많은 양의 문제를 풀어볼 필요는 없다. 실전 감각을 키우고 출제 경향을 살피기 위해 문제를 풀어볼 필요는 있지만 그게 아주 많은 양일 필요는 없다. 따라서 시험 막바지에 문제를 풀 시간이 부족하다면 자습서만 풀어도 무방하다.

문제집을 다 푼 후에는 다시 교과서로 돌아와 4회독을 한다. 이때는 교과서 날개 설명부터 주요 필기 내용까지 싹 암기한다. 시험에 지엽적인 개념이 등장할 수 있기에 아주 사소한 부분까지 확실히 보고 최대한 암기해 둔다.

또한 이 시기부터 서술형 문제를 철저히 대비해야 한다. 교과서를 읽다가 서술형 문제로 나올 법한 내용에 표시해 두고 완벽히 암기한다. 수업 시간에 중요하게 언급된 내용이나 문제집에서 강조된 개념을 중점적으로 표시하고, 서술형 문제로 나왔을 때 답안을 정확하게 쓸 수 있을 정도로 반복 암기한다. 직접 답안을 써보는 연습을 하는 것도 도움이 된다.

시험 하루 전에는 교과서 5회독을 한다. 교과서 내용을 처음부터 끝까지 꼼꼼하게 읽고 여러 번 확실히 외운 내용이든 아직 외우지 못한 내용이든 상관없이 정독한다. 아직 암기가 덜 된 내용은 한 번 읽어본 후, 눈을 감고 머릿속으로 그 내용을 말하듯 설명해 보면서 확실히 각인하고 마무리한다.

기출문제를 독파하며
개념을 체화한다

선생님이 되어
개념을 장악하라

탐구 과목은 개념을 오류 없이 정확히 이해하는 데 초점을 맞춰 공부해야 한다. 개념을 찬찬히 공부한 후 스스로 제대로 이해한 게 맞는지, 잘못 이해한 부분은 없는지 점검한다. 이때 마치 선생님이 된 듯 누군가를 가르치듯이 공부한 내용을 말해보는 방법이 효과적이다. 머릿속에 개념이 잘 정립되었는지 확인할 수 있는 유용한 방법이다. 친구든, 인형이든 앞에 대상을 두고 배운 내용을 큰 소리로 설명하면서 공부하자. 만약 생명과학 시간에 '멘델의 유전 법칙'을 배웠다면 다음과 같이 설명해 보는 것이다.

"멘델이 완두로 실험을 했어. 그 후 결과를 설명하려고 몇몇 가설을 세웠어. 그 가설 중 일부는 법칙으로 불리고, 일부는 원리로 불려. 법칙으로 불리는 게 분리의 법칙이랑 독립의 법칙, 그렇지 않는 게 우열의 원리야. 우열의 원리는 예외가 많아서 법칙이라고 부르지 않는대.

첫 개념인 우성과 열성 개념을 보자. 서로 표현형이 다른 순종이 있어. 근데 그 둘을 교배시켰어. 그러면 자손이 나오겠지? 그 자손에서 나타나는 형질이 우성이고 그렇지 않은 형질은 열성이야. 더 우월한 게 우성이고 열등한 게 열성이라고 보통 생각하지만 그런 개념이 아니니까 조심해야 해.

그다음 분리의 법칙을 보자. 체세포가 있어. 근데 걔가 감수분열을 했어. 그 2n에서 n 되는 거 알지? 그걸 한 거야. 이때 대립유전자가 있을 거 아냐. 대립유전자는 한 체세포당 2개씩 있잖아. 근데 이게 생식세포가 만들어질 때 나뉘어. 그래서 각각의 생식세포에 대립유전자가 분리되어 들어가는 거야. '분리되어 생식세포에 들어간다!' 이게 분리의 법칙!

이거랑 헷갈리는 게 독립의 법칙이야. 독립의 법칙은 일단 감수분열이랑 관련이 없어. 이건 유전될 시기에 대한 거야. 대립유전자가 있는데 두 쌍이 있어. 근데 이게 함께 유전이 되고 있는 거야. 이때 특정한 형질의 대립유전자 쌍은 다른 형질의 대립유전자 쌍이랑 전혀 영향을 주고받지 않는다는 거야. '독립적으로 유전된다!' 이게 독립의 법칙!

분리의 법칙과 독립의 법칙, 이 둘의 가장 큰 차이점은 두 법칙이 발견되는 배경이야. 감수분열 시기가 배경이라면 분리의 법칙, 부모로부터 자손이 유전될 시기가 배경이라면 독립의 법칙이야. 그리고 하나의 형질에 대한 건지 아니면 둘 이상의 형질에 대한 건지도 기준이 돼. 둘을 구분하는 문제가 나오니까 제대로 이해해야 돼!"

이렇게 물 흐르듯 막힘없이 설명할 수 있다면 개념 공부를 제대로 한 것이다. 말을 하다가 중간에 막힌다면 아직 개념이 완벽히 숙지되지 않았다는 뜻이다. 그때는 다시 개념을 차근차근 살펴보고 나만의 언어로 새겨두어야 한다. 이렇듯 탐구 과목은 개념을 계속 말로 설명해 보며 정확히 이해했는지 점검하자.

탐구 과목에는 'ㄱ, ㄴ, ㄷ' 보기가 등장하는 문제가 정말 많이 나온다. 이 문제 유형을 잘 푸는 나만의 팁을 공개하겠다. ㄱ, ㄴ, ㄷ 보기에는 비교형 문장이 자주 등장한다. 예를 들면 'A는 B보다 C하다' 하는 식이다. 그런데 수많은 비교 문장을 빠르게 읽고 넘어가다 보면 종종 내용이 헷갈리고 실수하게 된다. 나는 이를 방지하기 위해 2가지 방법을 개발했다.

먼저, 보기에서 '~보다'라는 표현이 나오면 빠르게 읽은 후 줄을 그어서 지워버렸다. 주어를 '~보다' 앞에 오는 대상과 뒤바꾸어 생각했다가 틀리는 경우가 잦았기 때문이다. 문장을 단순하게 이해하기 위해 '~보다'라는 표현을 지웠다. 읽기는 하되 줄을 그어 내용을 이해하는 데 혼동되지 않게 표시한 것이다.

그다음으로는 보기를 읽으며 주어, 목적어, 서술어에 밑줄을 치고 단어와 단어 사이에 슬래시(/)를 그었다. ㄱ, ㄴ,

ㄷ 문제는 단어 간의 관계를 정확히 파악하는 게 핵심이다. 이렇게 슬래시를 쳐가며 읽으면 단어 사이의 관계를 더 정확하게 파악할 수 있다. 문제가 훨씬 수월하게 풀리는 방법이므로 여러분도 꼭 실천해 보길 바란다.

3주 만에 끝내는
사회탐구 내신 루틴

사회는 개념을 파고들수록 점점 더 어려워지고 심오해지는 과목이다. 그렇기에 처음 공부할 때 큰 줄기를 잡고, 다시 앞으로 돌아와서 하나씩 개념을 더 깊게 보는 식으로 공부한다. 평소 시험 기간 전에 교과서나 인터넷 강의로 개념을 한번 훑으며 이해해 두기를 권한다. 참고로 나는 이과였기 때문에 사회탐구 과목을 여러 개 듣지는 않았다. 이에 사회탐구 공부를 할 때 참고만 하길 바란다.

내가 직접 공부하며 성적을 올렸던 사회탐구 과목의 시험 대비 방법을 소개하겠다.

시험 3주 전	교과서, 프린트 정독 ㅣ 개념서 풀기
시험 2주 전	기출문제집 풀기
시험 1주 전	수능특강 풀기 ㅣ 교과서 및 프린트 2, 3회독

시험 3주 전 교과서와 개념서로 기반을 다진다

교과서와 프린트의 개념 설명을 중점적으로 읽으며 개념을 짚고 넘어간다. 이때는 문제 풀이보다는 올바른 개념 이해에 초점을 맞추는 시기다. 개념을 모두 이해했다면 그다음에는 『고등 셀파』나 『완자 고등』 등의 개념서를 푼다. 교과서보다 세세한 개념이 일목요연하게 정리되어 있어서 복습하기 좋다. 그리고 문제를 풀며 기본적인 문제 유형을 익히고 오개념을 바로잡는다. 틀린 문제는 해설지의 설명을 읽은 후 반드시 오답 정리를 하고 넘어간다.

시험 2주 전 기출문제를 독파하며 실전 감각을 높인다

이때부터는 기출문제집을 풀며 문제 풀이 감각을 키운다. 실제 모의고사나 수능에 나온 기출문제는 개념서의 문제보다 훨씬 어렵다. 말장난처럼 느껴지는 선지도 많을 것이다. 문제를 풀면서 기출문제 출제 동향을 파악하자. 그리고 선지에서 개념을 추출하여 개념을 더 구체적이고 정교하게 다듬는다. 필요하다면 기출문제 풀이법을 알려주는 인터넷 강의를 듣는 것도 좋다.

시험 1주 전 세세한 개념까지 꼼꼼히 암기한다

문과에서 사탐 1등급을 노린다면 『EBS 수능특강』까지 풀기를 추천한다. 교재에 수록된 문제들의 질이 좋기도 하지만, 학교 선생님이 수능특강을 참고하는 경우도 많다. 수능특강 교재를 빠르게 풀고 선지에 제시된 개념들을 꼼꼼히 정리하자.

문제를 충분히 푼 후에는 다시 교과서로 돌아와 교과서와 프린트를 2번 정독한다. 많은 지식이 쌓인 후 다시 교과서를 읽으면 속도가 확 붙는다. 복습하는 느낌으로 교과서를 읽으면서, 잘 몰랐거나 지엽적이라서 아직 암기하지 못한 개념은 볼펜으로 표시한다. 그리고 다시 한번 더 읽으면서 표시한 부분을 중심으로 세부적인 개념까지 꼼꼼히 암기한다.

마지막까지 잘 안 외워져서 교과서에 여러 번 표시된 개념들이 있을 것이다. 그런 개념들은 '내가 어떻게든 정복하겠다!'라는 마음가짐으로 계속 반복해서 암기한다. 손으로도 직접 쓰고, 말도 해보면서 적극적으로 암기한다.

4주 만에 끝내는
과학탐구 내신 루틴

과학은 낯선 용어나 이론이 많아 개념의 난도가 높은 편이다. 그만큼 개념 공부를 확실하게 해서 개념을 탄탄하게 잡은 다음, 많은 문제를 풀며 체화해야 한다. 개념서와 기출문제집, N제 등 여러 교재를 풀면서 유형별 문제 풀이 방법을 익혀야 한다. 특히 취약한 유형이 있다면 집중적으로 문제 푸는 훈련을 하며 해당 유형을 정복하자.

특히 나는 이과였기에 과학 공부에 목숨을 걸었다. 더욱이 중학생 때부터 과학에 관심이 많아 과학고 진학까지 준비했던 만큼, 과학 과목의 선행을 충분히 해놓은 상태에서 다음의 시험 대비 루틴을 따랐다. 문과인 수험생들은 이제부터 살펴볼 과학탐구 내신 공부법을 자신의 상황에 맞게 변형해 적용하길 바란다.

이 공부법은 시험 한 달 전까지 개념 강의나 개념서로 전체 개념을 한 번 공부해 두었다는 전제하에 진행해야 진정한 효과를 발휘한다. 노베이스 상태에서 시험 기간에만 한 달 바짝 공부한다고 절대 최상위권의 성적을 받을 수는 없음을 명심하라.

시험 4주 전	개념서 풀기
시험 3주 전	기출문제집 풀기
시험 2주 전	N제 풀기
시험 1주 전	내신 기출문제 풀기 l 교과서 및 필기 암기하기

시험 4주 전 필기 노트로 개념을 잡는다

시험 4주 전에 개념서로 올바른 개념을 정확하게 이해한다. 그리고 제시된 문제를 풀면서 개념마다 반드시 출제되는 기본적인 문제 유형들을 익힌다. 틀린 문제는 다시 한번 풀면서 확실히 마스터한다.

과학 과목은 자신만의 필기 노트를 만들어 공부하기를 추천한다. 전체 개념을 필기하라는 뜻이 아니다. 수업 시간이나 인터넷 강의에서 선생님이 알려주는 정보, 문제를 풀며 알게 된 개념이나 스킬, 자신이 평소 자주 헷갈리는 내용 등을 하나의 노트에 정리하는 것이다. 그러면 시험을 보기 전까지 딱 그 노트만 읽으며 준비하면 된다.

시험 3주 전 **기출문제로 다양한 유형을 익힌다**

시험 3주 전부터 시험 1~2주 전까지 기출문제집을 푼다. 기출문제를 풀면서 모의고사 문제 유형을 익힌다. 내신 고난도 문제는 모의고사 기출문제를 변형한 문제가 많이 출제된다. 그래서 내신을 대비한다 해도 기출문제는 반드시 풀어보아야 한다.

특히 과학탐구는 문제를 정말 많이 푸는 게 좋다. 물리의 역학이나 화학의 양적 관계, 생명과학의 유전, 지구과학의 천체 파트 등은 단지 개념을 정확히 이해하고 있다고 해서 정답을 맞힐 수 있는 것이 아니다. 문제를 많이 풀어보고 익히며 다양한 상황을 접해봐야 한다. 여러 문제를 풀어 보며 학습한 개념을 문제에 적용해 본다.

시험 2주 전 N제를 풀며 최상위권을 노린다

시험 2주 전부터 N제를 푼다. 이 과정은 필수까지는 아니지만 최상위권을 노린다면 풀어보는 게 좋다. 킬러, 준킬러 문항을 대비하고 개념을 이해하는 관점을 확장할 수 있기 때문이다.

시험 1주 전 내신 기출문제로 시험을 예측한다

최신 3개년의 내신 기출문제를 풀면서 실전 감각을 익히고 출제 경향을 분석한다. 이를 통해 이번 시험이 어떤 식으로 출제될지 예측해 볼 수 있다. 또한 수업 시간에 중요하다고 강조하여 필기한 내용을 반복해서 읽으며 완벽히 암기한다. 앞서 언급한 필기 노트도 이때 복습하고, 교과서 내용도 한 번 정독하며 머릿속으로 관련 내용을 총정리하여 마무리한다.

아무리 단단하고 높은 벽을 마주했더라도
이미 공부라는 레이스에서 엑셀을 밟은 이상
다시 브레이크를 밟을 수는 없다.
이왕 시작했다면 끝까지 최선을 다해서
내 한계를 시험해 보자.

PART
04

공부에 지치지 않는
마음을 키워라

공부를
계속하게 만드는 법칙

지치지 않고
공부하게 만드는 힘

무엇이 여러분을 공부하게 만드는가? 공부하게 만드는 힘인 '공부 동기'는 학습에 있어 매우 중요하다. 아무리 공부머리가 좋다한들 공부하고 싶은 마음이 없으면 성적이 절대 잘 나올 수 없다. 내가 무엇을 위해 왜 공부하는지가 분명해야 지치지 않고 꾸준히 공부할 수 있다.

공부 동기는 외적 동기와 내적 동기로 나뉜다. 외적 동기란 외부의 영향에 의해 촉발되는 동기다. '엄마 아빠가 공부하라고 잔소리해서', '학원 선생님이 공부하라고 하니까', '점수 잘 못 받으면 혼나서'와 같은 이유들이 외적 동기다. 반면 내적 동기는 개인의 내면에서 우러나오는 자발적 동기다. '공부는 내 꿈을 이루기 위한 과정이니까', '점수를 올리는 것이 뿌듯해서', '새로운 지식을 알아가는 것이 즐거워서'와 같은 이유들이 내적 동기에 해당한다.

외적 동기는 보통 그 효과가 즉각적으로 나타나기 때문에 많은 부모가 아이에게 외적인 압박을 가하곤 한다. 공부하라고 호통을 치고 일정 점수를 넘기지 못하면 벌을 준다. 그럼 자녀는 압박감 때문에 어쩔 수 없이 펜을 들게 된다. 이보다 그나마 조금 더 나은 상황은 부모가 공부에 보상을 거는 경우다. '90점 넘으면 아이패드 사 줄게', '이번 시험에서 등수가 더 오르면 용돈 올려 줄게'와 같은 보상 방식이 대표적이다. 이와 같은 조건을 들은 학생들은 확실한 보상이 있으니 열심히 공부한다. 외적 동기의 긍정적인 효과가 나타나는 것이다.

그러나 외적 동기는 한계를 지닌다. 첫째, 외적 동기는 학생이 학습에 수동적으로 임하도록 만든다. 공부하지 않으면 벌을 주는 경우, 벌을 받지 않기 위해 공부하는 척만 할 수 있다. 그리고 실제로 공부를 하더라도 딱 벌을 피할 만큼만 노력하며 공부하게 된다. 공부에 대한 보상을 건 경우에는 딱 보상을 받을 만큼만 공부하고 공부에서 손을 떼게 된다. 시키는 것만 하는 수동적인 공부를 하는 것이다.

둘째, 외적 보상을 주다 보면 점점 더 큰 보상을 바라게 된다. 보상에 익숙해진 학생을 계속 공부하게 하려면 단기적인 보상을 꾸준히, 수준을 키워가면서 줘야 한다. 이는 부모에게 상당한 부담이 된다. 결국 외적 보상만으로 꾸준히 공부하게 만드는 건 분명한 한계를 지닌다.

그래서 내적 동기가 중요하다. 내적 동기는 마음 깊숙한 곳에서 우러나오는 능동적인 동기이다. 주변에서 공부하라고 시키지 않아도 스스로 공부하도록 만든다. 이는 곧 장기적으로 지치지 않고 공부하는 원동력이 된다. 내적 동기를 바탕으로 한 공부에는 한계가 없어서 '딱 이만큼만 공부하고 그만둬야지!' 하는 생각이 피어나지 않는다. 나의 가슴 뛰는 꿈을 이루어가기 위한 과정인데 공부를 적당히 하고 끝내겠는가? 최선의 노력을 다해 공부할 것이다. 새로운 지식을 습득해 나가는 과정 자체가 즐거운데, 공부를 하는 둥 마는 둥 하겠는가? 배움의 기쁨과 즐거움을 음미하며 신나게 공부할 것이다. 이렇듯 내적 동기는 지속적으로 오랜 시간 동안 공부하게 하는 가장 효과적인 학습 동기다.

내 전공이 환경학과인 만큼 공부 동기를 나무에 비유해 보겠다. 말하자면 외적 동기란 마음이라는 토양에 다른 땅에서 살던 나무를 옮겨와 심는 것이다. 이미 다 자란 나무를 가져와 심으니 언뜻 보기에는 좋아 보인다. 하지만 외부에서 옮겨 심은 나무는 생명력이 약하다. 거센 비바람이 오면 금방 고사하고, 병충해에도 취약하다.

반면에 내적 동기는 한자리에서 뿌리를 내리고 잎을 틔운 나무다. 씨앗에서 어린 새싹이 돋고 얇디얇은 뿌리가 느릿하게 뻗어 나올 때는 별 볼 일 없어 보일지도 모른다. 하지만 토양에 단단히 뿌리를 내리기 시작하면 태풍이 몰아쳐도 이 나무는 끄떡도 하지 않는다. 어떤 열악한 환경에서도 흔들리지 않고 자신을 지탱하며 꿋꿋이 살아낸다. 여러분의 마음에서 자라나는 내적 동기는 튼튼한 나무와 같다.

공부할 때는 반드시 내적 동기를 지녀야 한다. 내적 동기 없이 외적 동기만 가지고 공부하게 되면 금방 공부의 추진력을 잃어버린다. 스스로 진로를 탐색하면서 꿈을 찾고 공부의 진정한 원동력을 얻어야 한다. 또한 공부하는 내용에 늘 호기심을 가지고 의문을 품어야 한다. 새로 배운 개념을 실생활에 어떻게 적용할 수 있을지 고민하면서 공부에 점차 흥미를 느끼고 열정을 가지길 바란다.

안타깝게도, 외적 동기보다 더 강력한 학습 동기인 내적 동기를 스스로 갖출 수 있는 학생은 소수에 불과하다. 대부분의 학생은 주변의 압박에 의해 공부할 뿐, 자발적으로 동기부여하며 공부하지 않는다. 이때 내적 동기를 더 끌어 올리기 위해 외적 동기를 활용할 수 있다. 적절한 외부 자극을 통해 일단 공부하게 만드는 것이 첫 관문이다. 우선 공부를 시작하고 그 과정에서 노력에 따라 성적이 오르는 긍정적인 경험을 하게 되면 뿌듯함을 느껴 스스로 더 공부에 몰입하게 된다. 또는 오래 고민해 봐도 이해되지 않던 개념을 어느 순간 깨달았을 때의 쾌감 또한 강력한 내적 동기가 될 수 있다. 시작은 외적 동기였지만 그 과정에서 내적 동기를 발견하고 꾸준히 공부를 열심히 하게 되는 것이다. 이렇듯 공부를 지속하는 과정에서 가장 바람직한 것은 외적 동기와 내적 동기가 적절히 조화를 이룬 형태라 할 수 있다.

학습 동기 활용법	
외적 동기	내적 동기
• 공부 시간과 성적에 대한 보상 걸기 • 목표한 공부 시간이나 성적을 달성하지 못하면 벌칙 받기 • 부모나 선생님의 칭찬, 신뢰, 정서적 지지 받기	• 스스로 진로 탐색하기 • 목표 대학 및 학과를 설정하여 구체적인 목표 성적 정하기 • 공부하는 내용에 호기심을 갖고 질문하기 • 학습한 개념을 일상생활에 적용해 보기

나만의
공부 자극 콘텐츠를 만들어라

　공부 동기가 갖춰지면 학생들의 공부 의지가 불타오른다. 반짝반짝한 눈으로 두 주먹을 꼭 쥐고 '이제부터 열심히 공부해야지!' 하고 결심한다. 하지만 공부 의지가 있어도 그 마음을 매일 똑같은 상태로 유지하는 건 힘든 일이다. 애석하게도 시간이 흐르면 굳건했던 내 마음이 슬며시 풀어지는 순간이 온다. 자동차에 기름을 빵빵하게 넣은 직후에는 '부와아앙-' 하고 신나게 질주하지만, 기름이 다 떨어지면 거북이처럼 느릿느릿 도로를 기어가듯이 말이다.

그렇기에 하루하루 공부할 에너지를 가득 채워주는 나만의 공부 자극 콘텐츠가 필요하다. 공부를 시작하기에 앞서 사기를 한껏 끌어 올리는 콘텐츠 말이다. 내가 학창 시절에 직접 활용했던 방법들 중에서 가장 효과가 좋아 여러분에게 추천하고 싶은 2가지를 소개하겠다.

합격 수기와 공부 자극 칼럼 읽기

나는 매일 책상에 앉아 공부를 본격적으로 시작하기 전에 명문대생 선배들의 합격 수기를 읽었다. 그중에서도 특히 『명문대 가는 고등학생 공부 비법』이라는 책을 좋아했다. 이 책에서 나의 가슴에 불을 지피는 몇몇 챕터를 표시해 두고 매일 읽고 또 읽었다. 서울대에 합격하기 위해 선배들이 얼마나 뼈를 깎는 노력을 했는지 간접적으로나마 접한 뒤 그 모습을 상상하면, 당장 공부하지 않을 수 없었다.

종교인들이 경전을 읽으며 하루를 시작하는 이유는 그날 하루 동안 조금이라도 더 교리를 지키며 살기 위함이다. 나도 비슷했다. 대한민국에서 손꼽힐 정도로 공부를 열심히 한 선배들을 보며, 그 모습을 조금이라도 닮기 위해 합격 수기를 읽었다. 여러분도 본인의 마음을 울리는 입시 수기를 찾아보아라. 누군가의 공부 이야기를 담은 책이 될 수도, 인터넷에 올라온 합격 수기가 될 수도 있다. 어떤 글이든 지금 당장 공부하고 싶은 마음이 들게 만드는 내용이라면 공부를 시작하기 전에 매번 읽고 마음을 다잡자.

수험생 커뮤니티 '수만휘'에는 전문적으로 학습 칼럼을 올리는 분들이 있다. SKY나 의대 재학생, 인터넷 강의 강사, 과외 선생님 등 다양한 분들이 학습 칼럼을 정기적으로 연재한다. 나는 이분들이 올리는 칼럼도 꾸준히 읽었다. 두고 두고 읽고 싶은 칼럼은 출력해서 가지고 다니며 공부를 시작하기 전에 읽었다. 정신이 번쩍 드는 쓴소리를 듣고 싶다면 학습 칼럼을 찾아 읽기를 권한다.

주의해야 할 점은 합격 수기가 유튜브 영상이면 안 된다는 것이다. 물론 유튜브에도 명문대생 선배들의 공부 자극 영상이 많이 올라와 있지만, 유튜브를 들어가면 다른 재미있는 영상들이 함께 뜨기 때문에 마음이 흔들린다. 무조건 '글'로 된 합격 수기와 칼럼을 읽어라.

내 이름을 적은 전교 1등 성적표 만들기

내가 공부하던 책상에는 특이한 것이 붙어 있었다. 바로 '전교 1등 성적표'다. 내가 실제로 받은 성적표가 아니라 인터넷에서 양식을 내려받아 과목과 성적을 직접 입력해 만든 가상의 성적표다. 모든 과목에서 1등급을 받아 전교 1등이 되는 상황을 가정해 성적표를 만들었다. 이 성적표를 보고 있으면 내가 다음 시험에서 실제로 전교 1등이 되는 모습을 상상하게 되었다. 그리고 '아, 진짜 이런 성적표 한번 받아봐야지' 하는 생각이 들어 더 열심히 공부할 수 있었다.

실제로 우리가 '공부해야지' 하고 생각하면서도 막상 공부를 열심히 안 하는 이유는, 노력의 결과로 얻는 보상이 구체적이지 않고 추상적으로 느껴지기 때문이다. 그리고 노

성적 통지표

2022학년도 1학기 일반계 2학년 7차일반 1차 지필평가 9반 21번

성명 : 안소린   담임교사 ( ) 인

■ 보통교과 및 전문교과과목

과목명	구분	고시/영역별(반영비율)	만점	받은점수	합계	원점수	성취도	석차등급	석차(등석차수)/수강지수	과목평균(표준편차)
독서(4)	지필	1차 지필평가(100.00%)	100.00	100.00	100.00	100	A	1	1(3) / 322	60.3 (22.2)
수학Ⅱ(4)	지필	1차 지필평가(100.00%)	100.00	100.00	100.00	100	A	1	1(2) / 322	38.6 (24.3)
영어Ⅱ(4)	지필	1차 지필평가(100.00%)	100.00	100.00	100.00	100	A	1	1(5) / 322	47.5 (27.1)
화학Ⅰ(4)	지필	1차 지필평가(100.00%)	100.00	100.00	100.00	100	A	1	1(3) / 191	63.4 (21.9)
생명과학Ⅰ(2)	지필	1차 지필평가(100.00%)	100.00	100.00	100.00	100	A	1	1 / 167	45.8 (24.0)
지구과학Ⅰ(4)	지필	1차 지필평가(100.00%)	100.00	100.00	100.00	100	A	1	1 / 122	43.3 (25.4)
프랑스어(3)	지필	1차 지필평가(100.00%)	100.00	100.00	100.00	100	A	1	1(2) / 138	49.1 (22.7)

력과 보상의 시점이 일치하지 않기 때문이다. 경제학자 로버트 H. 프랭크Robert H. Frank는 저서 『실력과 노력으로 성공했다는 당신에게』에서 다음과 같이 말했는데, 이를 통해 수많은 학생이 추상적이고 멀리 있는 보상이 아니라 지금 당장 자신을 즐겁게 해주는 유튜브와 SNS, 게임 등에 빠지는 이유를 짐작할 수 있다.

"노력과 보상의 불일치는 미래의 잠재적 보상이 엄청날 때조차 현재의 노력을 강하게 방해한다. 행동의 비용이 생생하고 즉각적이어서 머릿속에 재빨리 떠오르기 때문이다. 그러나 행동의

편익이 미뤄진다면 상상 속에서 애써 그려봐야만 한다. 이쯤 되면 많은 학생이 명문대 입학에 요구되는 고통스러운 시간을 감내하지 못하는 이유를 쉽게 이해할 수 있을 것이다. 유혹은 미래의 보상이 불확실해 보일 때 더 진하게 다가온다."

출처: 로버트 H. 프랭크, 정태영 옮김, 『실력과 노력으로 성공했다는 당신에게』, 글항아리, 2018.

그렇다면 공부에 대한 보상을 구체적으로 시각화해서 공부하는 장소에 붙여놓으면 어떻게 될까? 고생스러운 여정에 대한 달콤한 보상이 당장 눈앞에 보이니 저절로 공부를 열심히 하게 된다. 이 성적표를 받았을 때 나는 어떤 기분을 느낄지, 부모님은 어떤 표정을 지으실지 생생하게 상상하면서 설레는 마음으로 공부하게 된다. 나도 효과를 많이 본 방법이니 여러분도 자신의 목표 성적을 정해 성적표를 만들고, 이것을 매일 보면서 공부를 시작하길 추천한다.

공개 선언
효과의 마법

'나는 서울대에 갈 거야!'

내성적이고 진중한 성격의 나였지만, 친구들과 대학 얘기를 할 때는 확신에 찬 눈빛으로 이 말을 던졌다. 대부분의 친구들은 내심 본인의 성적에 비해 높은 대학을 바라고 있었다. 그래서 목표 대학을 자신 있게 말하는 친구는 드물었다. 우물쭈물하거나 여러 대학을 뭉뚱그려 말했다. 그러나 나는 누가 비웃든 말든, 내 목표 대학은 '서울대'라고 당당하게 말하고 다녔다. 남들에게 목표를 공개적으로 말하고 다니면 스스로도 그에 걸맞게 행동하게 되리라 믿었기 때문이다. 그래서 친구에게든, 선생님에게든, 가족에게든 거리낌 없이 나의 목표를 말했고, 실제로 이 행동이 내가 서울대 합격에 한 발짝 다가가는 데 일조했다고 느낀다.

심리학에서는 '공개 선언 효과'라는 개념이 있다. 주변에 공개적으로 자신의 결심을 밝히면 그 결심을 끝까지 고수하려는 현상을 뜻한다. 다이어트를 하겠다고 주변 사람들에게 공언하면 그렇지 않은 경우보다 다이어트에 성공할 확률이 높아진다. 환경 보호를 하겠다는 서명에 동참한 시민들은 실제로 환경 보호 활동에 더 적극적으로 참여했다는 연구 결과도 있다.[*]

사람들은 왜 공개적으로 선언하면 그것을 지키려고 더 노력할까? 그 이유는, 사람들에게 '일관성 욕구'가 존재하기 때문이다. 우리 모두에게는 남들에게 일관성 있고 합리적인 사람으로 보이고 싶은 욕구가 있다. 자신 있게 결심을 말했다가 금방 말을 바꿔버리면? 변덕스러운 사람이라는 낙인이 찍힐 것이다. 그러니 자신의 입장이나 태도를 공개적으로 밝히는 것에 신중하게 되고, 그 말을 내뱉은 순간부터는 그것을 지키려고 노력하게 된다.

공부를 잘하고 싶다면 공개 선언 효과를 적극적으로 이용하자. 지금까지는 마음속으로만 품고 있었던 나의 목표

---

[*] Werner, C. M., Turner, J., Shipman, K., Twitchell, F. S., Dickson, B. R., Bruschke, G. V., & von Bismarck, W. B., "Commitment, behavior, and attitude change: An analysis of voluntary recycling", Journal of Environmental Psychology, vol.15, no.3, 1995.

를 주변 사람들에게 공개적으로 선언하라. 먼저 가족에게 목표를 공개하는 것이 심리적 부담이 가장 적다. 가족들을 모아놓고 진지하게 나의 목표를 말해보자. 그다음 친구들과 학교 선생님들에게 기회가 될 때마다 목표를 당당하게 밝혀라. 나의 목표를 들은 사람들은 목표를 이룰 수 있도록 도와주는 지지자이자 내 행동을 지켜보는 감시자가 되어줄 것이다.

성적을 올리고 싶다는 마음이 간절한가? 그렇다면 오늘 당장 공개적으로 목표를 선언하라.

목표를 수시로 적어라

엄청난 성적 상승을 거둔 사람들에게는 공통적인 습관이 있다. 바로 '자신의 구체적인 목표를 글씨로 적는 습관'이다. 나도 학창 시절 이 습관이 있었고, 서울대에 입학해서 만난 친구들 중에도 이 습관을 지닌 친구가 많았다. 공부하다 보면 공부가 지겹고 질릴 때가 있지 않은가? 괜히 좀이 쑤시고 딴청을 부리게 되는 때가 있다. 그럴 때 나는 습관적으로 책이나 노트에 나의 목표를 적었다. 시험 기간이라면 '올백 받고 전교 1등 하기'라든가, '전 과목 1등급 받기'와 같은 목표를 손으로 직접 적었다.

어느 시기든 항상 습관적으로 적었던 목표는 서울대 합격에 관한 것이었다. '서울대 산림과학부 17학번 안소린'. 이런 식으로 목표 대학과 학과, 이름을 구체적으로 적으면 다시 한번 공부 의지를 끌어 올릴 수 있다. 여러분도 '○○대학 ○○학과 ○○학번 ○○○'의 형식으로 공부로 이룰 구체적인 목표를 꼭 한 번 써보기 바란다.

이 행동은 과학적으로도 효과가 증명된 방법이다. 영국 러프버러대학교의 셰릴 트래버스Cheryl Travers 교수의 연구에 따르면, 목표를 글로 적는 습관을 들이면 학업 수행 능력이 향상된다.[*] 그녀는 대학교 4학년 학생 92명을 임의로 두 집단으로 나누고, 한 집단에는 자신의 학업 목표를 매일 일기

---

[*] Travers, C. J., Morisano, D., Locke, E. A., "Self-reflection, growth goals, and academic outcomes: A qualitative study", The British Psychological Society, vol.95, 2015.

형식으로 쓰게 했다. 예를 들면 '특정 수업에서 성적 더 잘 받기', '집중력 더 높이기' 등 각자의 목표를 숙고하여 쓰게 했다. 반면 다른 집단은 그런 목표를 쓰지 않고 평소대로 행동하게 했다. 그렇게 한 학기를 보낸 후 최종 성적을 비교했다. 결과는 어떻게 나왔을까? 목표를 적은 학생들의 성적이 그렇지 않은 학생들보다 30% 더 높았다. 목표 쓰기가 만든 놀라운 결과다.

목표를 글씨로 쓰면 목표에 대한 책임감이 생기고, 스스로의 행동을 더 조절하게 된다. 아울러 더욱 집중력 있게 공부할 수 있다. 집중이 흐트러지고 마냥 놀고 싶어질 때, 목표를 공책에 꾹꾹 눌러 쓰면서 마음을 다잡고 공부에 몰입하길 바란다.

과도기를 견디면 공부를 계속하게 된다

학교에서 일명 '공부 퍼포먼스'로 유명한 인물이 한 명쯤 있을 것이다. 공부하다가 코피를 쏟았다거나, 밥을 거르며 공부만 한다거나…. 내가 다닌 고등학교에도 그런 친구들이 있었다. 심지어는 적당히 놀면서 공부하던 과거를 청산하고 시험 기간에는 공부에만 열중하겠다는 각오로 삭발을 한 친구들도 있었다.

물론 그 친구들의 용기와 열정에는 진심으로 박수를 보내고 싶다. 그런데 문제는 그런 학생 중에서 공부에 대한 열정이 끝까지 결실을 이루지 못한 채 금방 사그라드는 경우도 꽤 있었다는 것이다. 이런 열정이 공부에 대한 꾸준한 노력으로 이어지면 좋겠지만, 허울뿐인 결심은 결코 오래가지 못했다.

공부에 있어서 정말 멋진 태도는 공부를 열심히 한다고 말로만 자랑하는 것이 아니라, 실제 그 노력을 꾸준히 이어가 결과로 보여주는 것이다. 나는 특별한 퍼포먼스로 유명하진 않았지만, 꾸준함의 대명사였다고 자부한다. 365일, 비가 오나 눈이 오나 학교 자습실을 홀로 지켰다. 시험이 끝난 날 하루 정도는 집에서 뒹굴거리며 쉬고 싶은 마음이 굴뚝같았다. 그러나 이 꾸준한 루틴이 깨지면 다시 루틴을 만드는 게 얼마나 어려운지 알았기에 유혹을 참으며 하루도 거르지 않고 학교에서 자습을 했다.

꾸준함은 극적인 성적 상승을 위해 반드시 필요하다. 성적이 크게 오르는 사람과 그렇지 않은 사람의 중요한 차이는 '모든 유혹을 이겨내고, 매일 빠짐없이 자신만의 공부 루틴을 수행했는지'의 여부다. 물론 하루도 빼놓지 않고 같은 행위를 반복하는 것은 매우 힘들다. 그러나 그 고통을 감내해야 한다. 그래야 성적이 오른다. 퍼포먼스보다 꾸준함이 더 중요하다는 사실을 늘 명심하고, 학교에서 '꾸준함' 하면 떠오르는 인물이 되도록 진득하게 공부하길 바란다.

공부는 관성이다. 꾸준히 하다 보면 어느 순간부터는 큰 힘을 들이지 않아도 어렵지 않게 공부를 계속하게 된다. 그러니 처음에 공부의 관성을 만들기 위해 부단히 애써야 한다. 공부를 당장 때려치우고 싶고 엉덩이에 좀이 쑤시는 듯한 때가 찾아온다면 그때가 바로 관성이 서서히 만들어지는 시점이다. 그 시기를 꾹 참고 견뎌내면 어느새 낯설고 힘들었던 공부가 나의 습관이 된다. 공부에 관성이 생기면 나는 한 단계 성장한다.

지금 나는 어떤 관성에 따라 살아가고 있는지 돌이켜보자. 노는 것이 일상이고 공부하는 게 특별한 일이라면 반성해야 한다. 공부를 꾸준히 하면서 공부가 익숙하도록 만들어라. 공부하는 것이 아무 생각 없이 자연스럽게 이루어지도록 공부를 습관화하자.

공부 근육을 키우면
공부가 쉬워진다

근본을 지키되
'똑똑하게' 공부하라

전쟁 같은 수험 생활을 견뎌내면서 항상 마음속에 간직한 다짐이 있다. 바로 '똑똑하게 공부하자'이다. 다른 친구들과 비교했을 때 나는 제공받는 교육의 질도 다르고, 정보의 격차도 컸다. 다만 친구들과 내가 똑같이 가진 것이 하나 있었다. 바로 '시간'이었다. 대치동 키즈든 흙수저든 하루 24시간이 주어지는 것은 모두 똑같지 않은가? 그래서 나는 낭비되는 시간을 줄여 누구보다 많은 자습 시간을 확보하자고 마음먹었다. 그리고 그 시간을 누구보다 효율적으로 써서 교육과 정보의 격차를 따라잡아야겠다고 생각했다. 1분 1초를 아껴가며 똑똑하게 공부하는 것만이 내가 성적을 올릴 수 있는 유일한 길이었다.

오랜 시간 공부하면서, 같은 시간을 공부해도 가장 효율이 높은 공부의 법칙을 발견했다. 이 원칙대로 공부하면 그 누구보다 똑똑하게 공부하는 것이라 자신할 수 있다. 성적이 오르는 공부의 법칙은 바로 '① 올바른 공부법에 대한 이해를 바탕으로 ② 충분히 많은 시간을 ③ 집중력 있게 공부하는 것'이다.

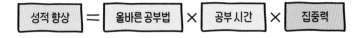

성적을 올리고 싶다면 우선 올바른 공부법에 대한 이해가 선행되어야 한다. 근본적인 공부법 자체를 모르면 아무리 많은 시간을 공부해도 성적은 오르지 않는다. 수학 공식을 제대로 이해하지 않은 채 무작정 공식만 암기한다면 수백 개의 문제를 풀어도 상위권에 진입하는 건 불가능하다.

문학 개념어 자체를 모르면 수능 기출문제를 죽어라 풀어도 절대 1등급을 받을 수 없다.

현재 나에게 부족한 부분이 무엇인지 정확하게 파악하고 그 부분을 채워나가는 공부를 해야 한다. 학생마다 과목별 공부 진행 상태가 모두 다르다. 그렇기에 내 친구가 지금 무슨 문제집을 풀고 있는지 굳이 신경 쓸 필요가 없다. 내 수준에 맞는 공부를 단계에 맞춰 차근차근 해나가라.

그리고 공부에 투입하는 절대적인 공부 시간이 중요하다. 어떤 공부를 해야 할지 계획을 세웠다면 시간을 들여 이를 성실히 실천해야 한다. 공부는 엉덩이로 하는 것이다. 몸이 근질근질하고 자꾸 손이 스마트폰으로 가도 꾹 참고 공부하라. 제대로 된 공부법으로 공부한다면 장담하건대 공부 시간과 성적은 반드시 비례한다.

올바른 공부법과 많은 시간을 들일 마음가짐을 갖추었다면, 이제 집중력 있게 공부에 몰두하라. 같은 시간을 공부해도 공부에 완벽히 몰입하는 사람과 한 문제 풀고 딴생각하기를 반복하는 사람은 공부 밀도에서 큰 차이가 난다. 잠깐을 공부해도 밀도 있게 공부해야 한다. 한 번에 집중하는 시간을 10분, 15분, 20분… 점진적으로 늘려가며 집중력을 키워라.

올바른 공부법, 공부 시간, 집중력 이 세 가지 요소가 모두 갖추어졌을 때 최상의 컨디션을 가지고 가장 효율적으로 공부할 수 있다.

자투리 시간을 100% 활용하는 법

학교나 학원까지 이동하는 시간, 수업 중간에 쉬는 시간, 점심시간 등 일과 사이에 잠깐씩 남는 시간을 '자투리 시간'이라 한다. 공부 잘하는 학생들을 지켜보면 모두 자투리 시간을 100% 활용한다는 걸 알 수 있다. 하루 동안의 자투리 시간을 싹싹 긁어모으면 보통 두세 시간 남짓이다. 이 시간이 언뜻 짧게 느껴질 수도 있지만 일주일이면 최소 15시간, 한 달이면 60시간 이상의 시간이다. 계속 누적되면 수험생에게는 성적을 바꿀 만큼의 큰 시간이다. 그렇다면 자투리 시간을 알뜰하게 사용하는 비법은 무엇일까?

첫째, 아침 1시간 공부로 뇌를 깨운다. 아침마다 등교 시간에 맞춰 빠듯하게 일어난다면, 이제부터는 1시간 일찍 일어나서 자습을 해보라. 처음에는 쉽지 않겠지만, 이를 꾸준히 실천하는 순간 공부의 신세계가 열린다. 나도 원래 잠이 많은 사람이었지만 고2 때부터 졸음을 꾹 참고 아침 6시 반에 일어났다. 등교 시간보다 1시간 일찍 학교에 도착해서 자습실로 향했다. 맑고 시원한 새벽 공기를 깊이 들이마시면 머리와 마음이 절로 상쾌해졌다. 차분하고 또렷한 정신 상태로 하루의 공부 계획을 세우고 공부를 시작해 보자. 하루를 일찍 공부로 시작한 만큼 온종일 공부 컨디션이 향상된다. 아침 1시간이 하루를 바꾼다.

다만 체질적으로 아침에 일찍 일어나는 게 너무 어렵거나, 며칠 동안 시도해 보았지만 도저히 능률이 안 오르는 학생도 있을 것이다. 그렇다면 굳이 이 방법을 계속 따라 하기보다는 자투리 시간을 십분 활용하는 다음의 방법을 실천하자.

둘째, 자투리 시간마다 맞춤 공부를 실행한다. 등하교 시간, 쉬는 시간, 점심시간 등 자투리 시간마다 하기 좋은 공부가 따로 있다. 나는 버스를 타고 등하교할 때는 영어 단어를 암기했다. 이전에 외운 단어를 복습하는 것도 좋고 새로운 단어를 입으로 소리 내며 외우는 것도 좋다. 쉬는 시간이나 수업이 일찍 끝나서 여유 시간이 생긴 경우에는 수학 문제를 풀었다. 이때는 주어진 시간이 짧고 주변 환경이 소란스러워서 높은 사고력이 필요한 공부를 하기는 어려우니 난이도가 쉽거나 비교적 간단한 수학 문제를 푸는 시간으로 활용한다.

점심시간에 점심을 빠르게 다 먹으면 대략 30분 정도 시간이 난다. 이때 도서관이나 자습실 등 조용한 환경에서 공부할 수 있다면 그 장소로 이동하라. 짧은 시간이지만 그곳에서 자습서를 읽고 간단한 개념을 공부하거나 국어 기출문제를 푸는 등 집중력이 필요한 공부를 하면 유용하다. 시험 기간에는 점심을 먹는 시간도 공부 시간으로 활용하자. 급식실은 보통 복잡하고 왁자지껄하기 때문에 영어 교과서 본문이나 사회탐구 개념 노트 등 간단하고 가볍게 암기할 수 있는 내용 위주로 공부하면 좋다. 이처럼 그저 흘려보냈던 자투리 시간을 공부 시간으로 모아 활용하면 성적은 반드시 오른다.

등하교 시간	영단어 암기하기
쉬는 시간 또는 수업이 일찍 끝났을 때	간단한 수학 문제 풀기
점심시간	식사 후 남은 시간은 조용한 장소에서 공부하기, 개념 공부나 국어 기출문제 풀기
시험 기간 때 점심시간	영어 교과서 본문, 사회탐구 개념 암기하기

공부를 방해하는
중독의 사슬을 끊어라

이제 수업 시간에 집중하여 열심히 공부하자고 마음먹었다. 그런데 눈으로는 교과서를 보고 있어도 머릿속으로는 어젯밤에 했던 게임이 둥둥 떠다녀서 공부에 집중이 안 된다. 시험 기간이니 열심히 공부하자고 마음먹었지만 몇 분 지나지 않아 어느새 다시 스마트폰을 들여다보고 있다. 여러분도 비슷한 경험을 한 적이 있지 않은가?

현대사회는 '중독' 사회다. 눈부신 기술 발전과 물질적 풍요 덕분에 일상 곳곳에 우리를 유혹하는 중독거리가 넘쳐난다. SNS 중독과 게임 중독을 포함한 디지털 중독, 설탕 중독, 카페인 중독, 알코올 중독, 쇼핑 중독 등 수많은 중독이 존재한다. 대부분의 사람은 하나 이상의 대상에 중독되어 있다. 그것에서 벗어나고 싶다는 생각이 들어도 순간적인 쾌락에 굴복해 또다시 손을 댄다.

중독이 발생하는 원리는 뇌의 보상계와 관련이 깊다. 이곳은 우리가 삶을 살아가며 느끼는 쾌감이나 즐거움 같은 긍정적 감정을 체험하게 하는 도파민 또는 엔도르핀 등의 신경전달물질이 분비되는 곳이다. 중독성이 있는 행위를 하면 뇌의 보상계가 자극되어 일상생활에서는 경험하기 어려운 다량의 도파민과 엔도르핀이 분비된다. 이에 대뇌는 그런 경험을 하게 만든 물질이나 행위를 지속적으로 갈망하게 된다.

강력한 쾌감을 맛본 뇌가 중독에 빠지면 일상의 건전한 자극에는 반응하지 못한다. 점점 더 무기력하고 우울해지며 짜증이 많아진다. 특히 중독은 금단 증상을 수반하므로 불안함이나 초조함도 느끼게 된다. 금단 증상을 참아내지 못하면 또다시 중독의 대상을 찾아 헤매게 된다.

이처럼 중독은 뇌의 보상계의 문제로 발생하는 현상이기에 의지력과 노력만으로 해결하려고 하면 실패로 돌아갈 확률이 높다. 고혈압이나 당뇨병에 걸리면 병원에 다니며 체계적인 치료를 받고 생활 습관을 원칙에 맞게 개선하듯이, 중독도 질병을 치료하는 개념으로 접근해야 한다. 전문가와 주변인의 도움을 받고 중독을 개선하는 방법을 적극적으로 따라야 한다. 이제 스마트폰, 게임 등 공부를 방해하는 중독으로부터 자유로워지는 4가지 단계를 실천해 보자.

1단계 스스로 중독 상태 분석하기

자신이 무엇에 중독된 상태인지 파악한다. 학생들은 보통 스마트폰이나 컴퓨터에 중독된 경우가 많다. 만약 자신이 스마트폰이나 컴퓨터에 중독되어 있다면, 구체적으로 어떤 대상에 어떻게 중독되었는지 리스트를 적어본다. 인

스타그램, 페이스북 같은 SNS일 수도 있고 리그 오브 레전드나 FIFA 온라인처럼 온라인 게임일 수도 있다. 유튜브와 틱톡은 학생들의 대표적인 중독 대상이다. 스스로 행위를 통제하고 싶지만 자제력을 도저히 발휘하기 어려운 중독거리가 있다면 모두 리스트에 적어라.

2단계 공부를 방해하는 요소 없애기

중독을 해결하기 위해 기억해야 할 것은, 의지력에 기대는 부분을 최소한으로 줄여야 한다는 점이다.[*] 우리의 의지력은 그리 대단하지 않다. 그렇기에 원하는 결과를 얻어낼 수 있도록 환경을 적극적으로 변화시켜야 한다. 중독에서 벗어날 수 있는 최적의 환경을 세팅하라. 그러한 환경에서 의지력을 발휘하면 중독을 효과적으로 극복할 수 있다.

가능하다면 중독의 대상을 아예 제거하는 방법을 권한다. 인스타그램을 탈퇴하고 앱을 삭제하거나 게임 아이디를 깔끔하게 삭제하라. 나는 수험 생활 당시 스마트폰 중독

---

[*] 대니얼 액스트, 구계원 옮김, 『자기 절제 사회』, 민음사, 2013.

에서 벗어나기 위해 휴대폰을 폴더폰으로 바꿨다. 만약 이렇게 직접적으로 중독의 대상을 없앨 수 없는 상황이라면, 그 외의 다른 방법들로 중독의 대상에서 멀어지는 계획을 세워라. 공부할 때는 스마트폰 전원을 꺼두고 손이 잘 닿지 않는 곳에 보관하자. 또는 비행기 모드를 설정하여 집중을 방해하는 알림이 오지 않게 할 수도 있다. 스마트폰 잠금 앱을 이용해 정해진 시간 동안 스마트폰 사용을 제한하는 것도 좋은 방법이다. 각자 자신이 실행할 수 있는 구체적인 계획을 수립하고 실천하자.

3단계 주변 사람에게 도움 요청하기

가족, 친구 등 가까운 사람들에게 자신의 상황을 알려라. 그리고 중독을 해결할 수 있도록 도움을 요청하라. 여러분을 사랑하고 지지하는 사람이라면 흔쾌히 부탁을 들어줄 것이다. 앞에서 공개 선언 효과에 대해 언급한 바 있다. 여러 사람에게 자신의 결심을 알리는 순간 그 결심을 지켜야 한다는 책임감이 생기고, 주변인들의 지지를 받아 결심을 수행할 가능성이 더 커진다. 가까운 사람들에게 자신의 이야기를 전하는 것을 부끄러워하지 말고, '인스타그램(게임) 중독에서 벗어나려고 노력 중이니 도와줘!'라고 솔직하게 상황을 공유하라.

4단계 꾸준히 차근차근 의지력 키우기

의지력은 근육과 같다. 꾸준히 단련할수록 점차 단단해진다. 헬스를 처음 배울 때는 가벼운 중량을 드는 것도 힘에 부친다. 땀이 뻘뻘 나고 다리는 후들거린다. 그러나 두세 달 꾸준히 운동하다 보면 어느새 이전보다 훨씬 무거운 중량도 거뜬히 잘 들게 된다. 의지력도 마찬가지다. 의지력을 키우는 훈련을 장기적으로 실천하면 웬만한 유혹에도 넘어가지 않고 굳건하게 공부할 수 있다.

다만 이때 명심해야 하는 사실은 의지력이 한순간에 크게 늘 수는 없다는 점이다. 갑자기 하루아침에 성인군자가 되어 모든 유혹에 초연해지기란 불가능하다. 너무 높은 목표를 세우고 그것을 지키지 못해 자책하지 말자. 최선을 다해 노력해 보고, 그럼에도 유혹에 넘어갔을 때는 그 원인을 냉철하게 파악하라. 무엇이 나를 흔들리게 했는지 점검하고 성찰하면 된다. 누구나 실수할 수 있다는 사실을 겸허히 받아들이고 조금씩 꾸준히 발전해 나가면 그것으로 충분하다. 미국 심리학의 아버지 윌리엄 제임스[William James]가 의지력에 대해 남긴 글로 이 꼭지를 끝맺겠다.

"어떤 뚜렷한 이유가 없어도 매일 약간씩 연습하여 노력하는 능력이 당신에게 살아 있게 하라. 그리고 하고 싶지 않다는 것밖에 다른 이유가 없는 어떤 일을 매일 또는 격일마다 하라. 그리하여 절박한 필요가 생긴 시기가 도래했을 때 당신은 시련에 맞설 기백이 없는 사람이나 훈련이 되지 않은 사람이 되지는 말라. 매일매일 주의 집중과 정력적인 의지와 필요 없는 일은 하지 않는 자기 극복의 습관에 익숙하게 된 사람은 보험에 가입한 사람과 같다. 그의 주위에 있는 모든 것들이 흔들리고, 키질하는 바람에 날리는 왕겨처럼 연약한 동료들이 바람에 날려갈 때도 그만은 탑처럼 우뚝 서 있게 될 것이다."

출처: 윌리엄 제임스, 정양은 옮김, 『심리학의 원리 1』 아카넷, 2005.

미루는 습관을 극복하는 3가지 방법

우리는 습관처럼 공부를 미룬다. 머리로는 '공부해야 하는데…' 하고 생각하면서도 몸은 쉽사리 움직여지지 않는다. 포근한 침대에 누워 유튜브를 보고 있는 지금 이 순간은 마치 천국에 온 것 같다. '공부는 유튜브 30분만 더 보고 하자' 하는 생각이 스친다. 하지만 30분이 1시간이 되고, 1시간이 2시간이 되어 어느 순간 시계를 보니 벌써 잘 시간이 다 되었다. '차라리 오늘 일찍 자고 내일 좋은 컨디션으로 공부하자'라며 나름의 자기 합리화를 거친 후 마음속에 남아 있는 일말의 죄책감을 모른 척 외면하며 잠든다.

이 지긋지긋한 미루기 습관을 어떻게 끊어낼 수 있을까? 미루는 습관만 극복해도 공부 시간이 2배는 늘 텐데 말이다. 지금부터 미루는 습관을 고치는 효과적인 방법 3가지를 소개한다.

방법 1 나만의 공부 의식을 만든다

미루는 습관을 고치는 첫 번째 방법은 나만의 공부 의식을 만드는 것이다. 다시 한번 앞의 상황으로 들어가 보자. 현재 상황은 침대에 누워 좋아하는 유튜브 영상을 보고 있는 상황이며, 내가 바라는 상황은 책상에 앉아 공부하는 상황이다. 두 상황의 괴리가 너무 크다. 극도로 편한 상황에서 불편한 상황으로 전환해야 하니 에너지 소모가 크다. 여기에 투입되는 에너지의 양이 10이라면, 우리는 10만큼의 에너지를 쓰면서 노력하고 싶지 않기에 공부를 미루는 것이다.

그런데 만약 현재 상황에서 목표 상황까지 가는 과정을 여러 단계로 쪼개면 어떨까? 처음부터 바로 10만큼 노력하지 않고, 1 정도의 적은 노력이 필요한 일로 쪼개서 실행하는 것이다. 우선 침대에 그대로 누워 있는 채로 스마트폰의 홀드 버튼을 눌러 화면을 끈다. 그리고 5초 동안 화면을 다시 켜지 않는다. 다른 것은 아무것도 할 필요가 없다. 이 행동은 곧바로 공부를 시작하는 것보다 훨씬 부담감이 적기 때문에 쉽게 할 수 있다. 그런데 이 첫 단계를 수행하기만 하면, 이후의 과정은 자연스럽게 진행될 수 있다. 기존 행동에 대한 관성을 끊어내는 순간 그 후부터는 목표 행동에 착수하기가 수월해지기 때문이다.

'공부 의식'이란 공부의 첫 단계이자, 나를 공부 모드로 전환하게 하는 행동이다. 공부 의식은 무엇이든 가능하다. 5초간 눈을 감고 아무 생각을 하지 않는 것도 좋고 스마트폰을 저 멀리 치우는 것도 좋다. 공부를 하기 전에, 마치 의식을 수행하듯이 쉽고 간단하게 할 수 있는 나만의 공부 의식을 만들어라. 그리고 곧장 실천하라. 그럼 미루는 습관에서 벗어나 지금 당장 공부하게 될 것이다.

방법 2 목표를 달성한 자신의 모습을 상상한다

두 번째 방법은 목표를 달성한 자신의 모습을 상상하는 것이다. 공부를 성공적으로 마치고 행복해하는 미래의 나의 모습을 생생하게 상상해 본다. 그러한 긍정적인 상상은 공부에 직접적인 동기부여가 된다. 만약 시험을 앞두고 있다면, 열심히 공부하여 좋은 성적을 받는 상황을 구체적으로 상상하라. 이러한 긍정적인 상상은 미루는 행위를 중단하고 목표를 이루기 위해 지금 바로 공부하도록 촉진한다.

한 연구에서는 과제를 미루는 대학생들에게 과제를 제출한 모습을 상상하도록 했더니, 과제를 이전보다 더 빨리 시작하고 더 빨리 제출하는 결과가 나타났다고 한다.[*] 미루는 습관을 고치고 싶다면 목표를 완수한 후 일어날 긍정적인 결과에 대해 상상하라.

방법 3 마감 기한을 쪼개서 실천한다

마감일이 다가오면 실행력이 급격히 향상된다. 마감 기한 안에 일을 처리해야 한다는 생각에 폭발적인 집중력이 발휘되기 때문이다. 시험 기간에 벼락치기를 할 때의 자신의 모습을 떠올려 보자. 시험을 하루 또는 몇 시간 앞두고 아직 공부할 게 많이 남아 있는 상황에서 그 순간만큼은 천재에 빙의해 굉장한 속도로 내용을 외우게 된다. 이처럼 마감 기한은 우리의 실행력과 집중력을 급격하게 증가시킨다.

시험 기간이 아닌 평소에는 특별한 마감 기한이 없다. 그래서 학생들은 긴장감 없이 느슨하게 공부하게 된다. 그나

---

[*] 조수연, 「목표 공상 방식이 과제 미루기 행동에 미치는 영향」, 서울대학교 대학원, 2016.

마 마감 기한을 꼽자면 하루에 한 번, 오늘의 공부를 모두 마치고 그날의 공부 계획을 점검하는 순간이다. 매일 아침 세운 공부 계획에 따라 하루 동안 잘 수행했는지 점검할 때가 그날 공부의 마감 기한이라 할 수 있다. 이때 마감 기한이 되는 공부 점검 시간을 하루에 여러 번으로 쪼개면 훨씬 더 밀도 있게 공부할 수 있다.

예를 들어 오후 5시부터 11시까지 공부한다고 하자. 그럼 오후 7시, 9시, 11시에 한 번씩 총 세 번의 마감 기한을 만드는 것이다. 7시까지는 목표로 삼은 공부량의 $\frac{1}{3}$을 끝내고, 9시까지는 $\frac{2}{3}$, 11시까지는 $\frac{3}{3}$의 공부량을 수행하기로 마음먹는다. 그러면 매 순간 곧 다가올 마감 기한을 생각하면서 열심히 공부하게 된다. 마감 기한이 가까워질수록 공부 효율이 급격히 높아지므로, 공부를 자꾸 미루고 매너리즘에 빠져 공부의 간절함을 잃어버렸다면 마감 기한을 쪼개어 실행해 보자.

슬럼프에서 벗어나는
가장 빠른 방법

열심히 공부하는 사람에게 한 번씩 찾아오는 달갑지 않은 손님이 있다. 바로 '슬럼프'다. 최선을 다해 공부하지만 결과가 눈에 보이지 않아 불안한가? 하루하루 공부하는 게 지치고 무기력한가? 모든 걸 다 때려치우고 싶은가? 그렇다면 슬럼프가 찾아온 것이다. 슬럼프는 사실 스스로 깨닫기가 상당히 어렵다. 슬럼프가 왔다는 걸 인지하지 못하고 그 상태에 오랫동안 빠져 있게 되면 공부와는 점점 멀어지게 되어 위험하다. 슬럼프가 왔을 때 빠르게 알아채고 현명하게 극복하는 방법을 터득해야 한다.

다만 이때 유념해야 할 점은 슬럼프와 나태를 혼동하면 안 된다는 것이다. 슬럼프와 나태 모두 공부에 의욕이 없는 상태라는 공통점이 있다. 그러나 슬럼프는 지속적으로 열심히 공부하다가 어느 순간 매너리즘에 빠진 상태다. 성적 상승을 경험한 후 정체되는 상황에 주로 슬럼프가 찾아온다. 슬럼프에 빠졌을 때는 공부뿐만 아니라 삶 전반에 대해 의욕이 떨어진다.

　반면 나태는 지속적으로 공부를 해오지 않았는데도 쉽게 찾아올 수 있다. 그리고 공부만 하기 싫을 뿐 다른 흥밋거리에는 의욕이 충만하다. 내가 슬럼프에 빠진 것인지, 아니면 게으름을 피우고 있는 것인지 제대로 분간한 다음, 슬럼프를 극복하는 5가지 방법을 실천하자.

방법 1 잠시 휴식 시간을 보내며 몸과 마음을 재정비한다

　슬럼프에 빠졌다면 잠서 삶의 속도를 낮추고 휴식하는 시간을 가져라. 그동안 너무 빠른 속도로 공부만을 위해 숨 가쁘게 달려온 탓에 슬럼프가 찾아온 것일 수 있다. 지친 몸과 마음을 재정비해야 새로운 도약을 준비할 수 있다. 하루에 반드시 해야 하는 일과들만 수행하고 나머지 시간에는 휴식을 취하라. 삶에서는 한 박자 쉬어가는 시기가 필요하다.

방법 2 건강한 생활 방식을 지킨다

　슬럼프가 왔다고 해서 그동안 지켜온 생활 방식까지 모두 망가지면 안 된다. 특히 수험생에게 건강한 생활 루틴은

한 번 무너지면 바로잡기 어려우므로 지속하여 지켜야 한다. 공부 의욕이 없더라도 일찍 자고 일찍 일어나라. 적어도 밤 12시 이전에 자고, 오전 8시 이전에 기상하라. 잠이 부족하면 일과 시간 중에도 피곤하고 우울하며 능률이 떨어진다. 그리고 사소한 일에도 신경이 예민해져서 슬럼프를 더 악화시킨다.[*] 힘들 때일수록 수면 시간 등 생활 패턴이 무너지지 않게 잘 관리하자. 또한 건강한 식단으로 삼시 세끼를 잘 챙겨 먹으며 뇌에 에너지를 충분히 공급하자. 운동을 통해 체력을 유지하는 것은 물론이다.

방법 3 자신과 대화하며 초심을 찾는다

슬럼프로 마음이 혼란스러운 와중에도 계속 공부에 집중하려 노력하기보다는 잠시 공부라는 일상에서 벗어나 스스로에게 집중한다. 자신의 마음 깊은 곳을 들여다보고 지금 내 마음과 감정이 어떤지, 몸 상태는 어떠한지 살펴본다. 그리고 무엇이 나를 슬럼프에 빠지게 했는지 그 원인을 찾아

---

* 신철, "수면 부족, 만병 일으키는 적신호", 고려대학교병원 스페셜 건강정보, 2014.

보자. 그 후 그 원인을 해결하기 위한 해결 방안을 고민한다.

내가 처음 공부를 시작하면서 지녔던 간절함을 떠올리는 것도 도움이 된다. 내가 왜 공부하기 위해 마음을 다잡았는지, 공부하는 본질적인 이유는 무엇인지에 대해 고민해 보면 다시 공부하고 싶은 마음이 피어오른다. 오롯이 나에게 집중하는 순간, 슬럼프를 극복할 실마리를 찾을 수 있다.

방법 4 할 수 있는 일을 목표로 실천한다

성취하기 힘든 어려운 목표를 붙잡고 애쓰다 보면 쉽게 지칠 수밖에 없다. 스스로 쉽게 성취할 수 있는 간단한 목표를 세워 실천해 보자. 평소에 풀던 문제보다 조금 쉬운 문제를 풀거나, 평소에 읽고 싶었던 흥미로운 책 한 권을 읽어보자. 공부와 관련이 없는 방 청소나 운동도 괜찮다. 해야 하는 일이 아니라 할 수 있는 일을 목표로 삼고 성취감을 다시 느끼면 공부 의지도 차근차근 다시 생겨난다.

방법 5 자신의 능력과 노력을 믿는다

슬럼프가 오면 자존감이 떨어지고, 죄책감을 자주 느끼

게 된다. 무엇보다도 나에 대한 믿음을 잃기 쉽다. 몸과 마음을 재정비한 후 긍정적인 마음가짐으로 자기 신뢰를 회복하자. '나는 할 수 있다!'라고 매일 다짐하고 스스로를 믿자. 꿈을 이룬 자신의 모습을 상상하며 이미지 트레이닝을 하자. 성공 경험을 쌓으며 나는 슬럼프를 극복하고 더 단단해진 정신력으로 다시 실력을 쌓을 수 있다고 믿자. 그런 믿음이 확신이 될 때 슬럼프를 이겨낼 수 있다.

결국 공부는
마음먹기에 달렸다

고3 시절의 나는 늘 불안했다. 아무리 매일 최선을 다해 열심히 공부해도 때때로 대학에 불합격하는 상황이 떠올라 두려웠다. 내가 제대로 공부하고 있다는 확신이 있어도 근거 없는 불안을 완전히 떨쳐내는 건 어려웠다. 나는 불안한 마음이 들 때마다 교회에 나가 새벽 기도를 했다. 다들 자고 있을 오전 4시 30분에 교회에 가서 눈을 감고 두 손을 모아 간절히 기도했다. 불안함을 이겨낼 수 있도록 더 강한 믿음을 달라고. 하나님이 함께하셔서 아무것도 두렵지 않게 해달라고. 지혜와 총명을 주셔서 공부든 대인 관계든 모두 현명하게 대응하게 해달라고 기도했다.

그렇게 기도를 마치면, 신기하게도 세상이 더 또렷하게 보이고 정신이 맑아졌다. 마음 깊은 곳에서 감사가 우러나오고 두려움이 사라졌다. 하나님이 나와 늘 함께한다고 생각하니 그 무엇도 두려울 게 없었다. 나는 불안한 수험 생활 속에서 종교를 통해 마음의 평화를 얻고 정신을 건강하게 유지할 수 있었다.

종교를 가지라는 말이 아니다. 종교가 아니더라도 자신의 마음을 돌보는 시간을 가지라는 것이다. 명상과 기도는 종교가 없는 사람도 실천할 수 있다. 명상은 우리 신체와 정신을 모두 건강하게 만들어주는 강력한 행위다. 인간을 더 행복하고 긍정적으로 만들며, 정신을 각성시키고, 불안과 우울에서 벗어날 수 있게 돕는다.*

---

* Shapiro et al., "Meditation and positive psychology", The Oxford Handbook of positive psychology, 2002.

우리는 일상에서 매우 다양한 방식으로 명상을 수행할 수 있다. 가장 간단한 방법은 편안한 장소에 혼자 앉아 눈을 감은 채 숨을 깊이 들이마시고 내쉬는 것이다. 들이쉬는 시간이 1이라면 내쉬는 시간은 3만큼 갖는다. 더 오랜 시간 숨을 내쉬며 한숨도 남아 있지 않도록 끝까지 숨을 내뱉는다. 오직 호흡에 집중하고 만약 외부의 자극이나 생각, 감정이 들어와 주의를 빼앗길 때는 그것을 그저 알아차리기만 하자. 자극을 그대로 느끼되 이에 대해 판단하거나 평가하지 않는다. 이러한 명상을 통해 내면의 평화를 얻고 집중력을 끌어 올릴 수 있다.

기도는 명상을 실천하는 또 다른 방법이다. 눈을 감고 두 손을 모은 채 자신이나 다른 사람을 위해 무엇인가를 간청하거나, 그날 일어났던 일들에 대해 감사한다. 산만함에서 벗어나 기도에 고요히 집중하며 신성한 감각을 느껴보아라. 기도라는 행위를 통해 마음을 차분하게 하고 정신을 각성시킬 수 있다. 또 감사와 행복을 느낄 수 있으며 공부할 때 느끼는 불안감 또한 차분하게 다스릴 수 있다.

변화를 꿈꾼다면
지금 당장 행동하라

이 책을 꺼내 든 대부분의 독자는 자신의 공부에 확신이 없었을 것이다. 이렇게 공부하는 게 맞는지 불안하기도 하고, 지금 내가 잘하고 있는 건지 초조하기도 했을 것이다. 또 무엇이든 해낼 수 있다는 자신감도 부족했을 것이다. 나보다 공부를 잘하는 친구를 보며 부러워하면서도 '나는 그 친구보다 잘할 수 없을 거야' 하며 무의식적으로 자신의 한계를 설정해 놓았을 수도 있다. TV나 유튜브에서 공부로 인생을 역전한 사람의 이야기를 접한들 '그 사람은 애초에 똑똑했겠지. 나는 그렇게 될 수 없어' 하며 나와 다른 세계의 사람이라 생각했을지 모른다.

그러나 이 책을 다 읽은 지금 여러분의 삶에는 큰 변화가 찾아올 것이다. 여러분은 무엇을 어떻게 공부해야 하는지에 대한 구체적이고도 확실한 방법을 알고 있다. 마음속에 있던 불확실함과 두려움을 단 한 톨도 남기지 않은 채 확신으로 가득 찬 공부를 시작하게 될 것이다.

보잘것없던 내가 각고의 노력 끝에 서울대에 합격할 수 있었던 것처럼, 여러분도 이 책에 담긴 공부법과 공부 마음가짐을 실천한다면 어떤 목표를 꿈꾸든 그 목표를 이룰 수 있다. 더 큰 꿈을 가지고 치열하게 꿈을 향해 나아가라. 여러분의 삶은 지금보다 더 빛날 수 있다. 자기 자신을 믿고 세상에 자신을 마음껏 펼쳐라. 그러면 세상도 여러분에게 노력의 보상을 쥐어줄 것이다.

그러나 명심해야 할 것이 있다. 공부를 잘할 수 있는 소중한 비법을 그저 머리로만 이해하고 행동으로 옮기지 않는다면 어떠한 변화도 일어나지 않는다는 사실이다. 실천하지 않는 지식은 무의미하다. 변화를 만들어내고 싶다면 지금 당장 실천하라.

아무것도 변하지 않을지라도,
내가 변하면 모든 것이 변한다.

프랑스의 위대한 대문호 오노레 드 발자크Honoré de Balzac가
남긴 말이다. 내가 변하지 않으면 세상도 변하지 않는다. 하
지만 내가 변하면 모든 것이 변한다. 모든 건 나 자신에게
달려 있다. 내 안의 잠재력을 폭발시켜 누구도 예상하지 못
한 엄청난 반전을 만들어내라.

여러분은 할 수 있다. 나는 여러분의 공부의 여정에 늘 함
께하겠다. 한 걸음 한 걸음 함께 나아가며 놀라운 변화를 만
들어보자.

참고자료

- 국가정신건강서비스포털 의학정보(mentalhealth.go.kr)
- 김성훈, 조형래, 정지인, 「대학도서관 하브루타 기반 서비스를 위한 인식조사 연구」, 정보관리학회지, 2019.
- 대니얼 액스트, 구계원 옮김, 『자기 절제 사회』, 민음사, 2013.
- 로버트 H. 프랭크, 정태영 옮김, 『실력과 노력으로 성공했다는 당신에게』, 글항아리, 2018.
- 백병부, 김경근, 「학업성취와 경제자본, 사회자본, 문화자본의 구조적 관계」, 교육사회학연구, 2007.
- 소냐 류보머스키, 오혜경 옮김, 『How to be happy(하우 투 비 해피)』, 지식노마드, 2007.
- 신철, "수면 부족, 만병 일으키는 적신호", 고려대학교병원 스페셜 건강정보, 2014.
- 안영은, 「서울지역 고등학생의 기초자치구별 학업탄력성 양상 및 특성 분석」, 서울시교육청교육연구정보원 교육정책연구소, 2020.
- 윌리엄 제임스, 정양은 옮김, 『심리학의 원리 1』, 아카넷, 2005.
- 이정연, 「하브루타(Havruta)를 활용한 토론 수업의 효과 연구」, 언어과학연구, 2018.
- 장수명, 「대학서열의 경제적 수익 분석」, 한국교육개발원, 2006.
- 조수연, 「목표 공상 방식이 과제 미루기 행동에 미치는 영향」, 서울대학교 대학원, 2016.
- 주병기, 「대학입학 성과에 나타난 교육 기회불평등과 대입 전형에 대한 연구」, 한국조세재정연구원, 2021.

• Miller, G. A., "The Magical Number Seven, Plus or Minus Two: Some Limits on our Capacity for Processing Information", Psychological Review, vol.63, 1956.

• Moorman, Diann C., "This Is Not a Fable: Using Storytelling in a College Classroom to Enhance Student Learning", SoTL Commons Conference, vol.144, 2015.

• Nyer, P. U. and Dellande, S., "Public commitment as a motivator for weight loss", Psychology & Marketing, vol.27, no.1, 2010.

• Sartre, Jean Paul, L'être et le néant: essai d'ontologie phénoménologique, Gallimard, 1943.

• Shapiro et al., "Meditation and positive psychology", The Oxford Handbook of positive psychology, 2002.

• Travers, C. J., Morisano, D., Locke, E. A., "Self-reflection, growth goals, and academic outcomes: A qualitative study", The British Psychological Society, vol.95, 2015.

• Werner, C. M., Turner, J., Shipman, K., Twitchell, F. S., Dickson, B. R., Bruschke, G. V., & von Bismarck, W. B., "Commitment, behavior, and attitude change: An analysis of voluntary recycling", Journal of Environmental Psychology, vol.15, no.3, 1995.

무조건 통하는 전교 1등의 합격 루틴
서울대생의 비밀과외

초판 1쇄 발행 2023년 3월 10일
초판 7쇄 발행 2024년 10월 2일

글 안소린
펴낸이 김선식

부사장 김은영
콘텐츠사업2본부장 박현미
기획편집 권예경 **책임마케터** 문서희
콘텐츠사업7팀장 김단비 **콘텐츠사업7팀** 권예경, 이한결, 남슬기
마케팅본부장 권장규 **마케팅1팀** 박태준, 오서영, 문서희 **채널팀** 권오권
미디어홍보본부장 정명찬 **브랜드관리팀** 오수미, 김은지, 이소영, 서가을
뉴미디어팀 김민정, 이지은, 홍수정, 변승주 **지식교양팀** 이수인, 염아라, 석찬미, 김혜원, 박장미, 박주현
편집관리팀 조세현, 김호주, 백설희 **저작권팀** 이슬, 윤제희
재무관리팀 하미선, 김재경, 임혜정, 이슬기, 김주영, 오지수
인사총무팀 강미숙, 지석배, 김혜진, 황종원
제작관리팀 이소현, 김소영, 김진경, 최완규, 이지우, 박예찬
물류관리팀 김형기, 김선민, 주정훈, 김선진, 한유현, 전태연, 양문현, 이민운
외부스태프 디자인 정윤경

펴낸곳 다산북스 **출판등록** 2005년 12월 23일 제313-2005-00277호
주소 경기도 파주시 회동길 490 다산북스 파주사옥
전화 02-704-1724 **팩스** 02-703-2219 **이메일** dasanbooks@dasanbooks.com
홈페이지 www.dasanbooks.com **블로그** blog.naver.com/dasan_books
용지 스마일몬스터 **인쇄** 민언프린텍 **코팅 및 후가공** 제이오엘앤피 **제본** 다온바인텍

ISBN 979-11-306-9755-0 (13370)

다산북스(DASANBOOKS)는 독자 여러분의 책에 관한 아이디어와 원고 투고를 기쁜 마음으로 기다리고 있습니다.
책 출간을 원하는 아이디어가 있으신 분은 다산북스 홈페이지 '투고 원고란'으로 간단한 개요와 취지, 연락처 등을 보내주세요.
머뭇거리지 말고 문을 두드리세요.